中等职业学校城市轨道交通项目化教材

城市轨道交通
运营安全与应急处理

主　编　宋志强

副主编　刘智敏　林宫村

编　写　潘　波　王　帆　戴则宇

刘智敏　林宫村　宋志强

電子工業出版社

Publishing House of Electronics Industry

北京·BEIJING

图书在版编目（CIP）数据

城市轨道交通运营安全与应急处理 / 宋志强主编 . —北京：电子工业出版社，2024.4

ISBN 978-7-121-47431-6

Ⅰ . ①城…　Ⅱ . ①宋…　Ⅲ . ①城市铁路－交通运输安全－交通运输管理　Ⅳ . ① U239.5

中国国家版本馆 CIP 数据核字（2024）第 042957 号

责任编辑：郝国栋
文字编辑：吴宏丽
印　　刷：北京七彩京通数码快印有限公司
装　　订：北京七彩京通数码快印有限公司
出版发行：电子工业出版社
　　　　　北京市海淀区万寿路 173 信箱　　邮编：100036
开　　本：787×1092　1/16　印张：12.5　　字数：320 千字
版　　次：2024 年 4 月第 1 版
印　　次：2025 年 1 月第 2 次印刷
定　　价：42.80 元

凡所购买电子工业出版社图书有缺损问题，请向购买书店调换。若书店售缺，请与本社发行部联系，联系及邮购电话：（010）88254888，88258888。

质量投诉请发邮件至 zlts@phei.com.cn，盗版侵权举报请发邮件至 dbqq@phei.com.cn。

本书咨询联系方式：（0532）67772605，邮箱：majie@phei.com.cn。

前言

随着城市轨道交通线路、线网的建设和发展，城市轨道交通成为我国城市现代化发展的重要支撑。便捷、高效、舒适的城市轨道交通为提升居民出行质量提供了保障。城市轨道交通在缩短候车时间、提升运能的同时，也面临着运营安全的挑战。

本书结合生产实际，创设了车站屏蔽门系统故障的应急处理、乘客受伤事件的应急处理、车站大客流的应急处理、车站公共安全事件的应急处理、道岔故障的应急处理、电力故障突发事件的应急处理、城市轨道交通火灾的应急处理、恶劣天气与自然灾害的应急处理等八个典型项目，通过任务活动与模拟实训，同学们可以了解站台岗工作人员、行车值班员、行车调度员等岗位在突发事件中的岗位职责，深度学习运营安全与应急处理的策略与技能，为将来从事轨道交通运营管理相关岗位的工作打下基础。

每个项目均设置有案例导学、学习目标、项目框架、阅读拓学、项目小结、评价量规等内容。案例导学选择了近年来国内外典型的城市轨道交通突发事件，通过对案例的分析可以帮助同学们结合所学，认识城市轨道交通运营安全的重要性和应急处理的基本原则与要求。通过知识目标、能力目标、素养目标的逐一实现，引导同学们将知识学习与技能训练相结合，培养同学们履行岗位职责、妥善处理城市轨道交通突发事件的基本素养。

项目框架中的任务围绕多个核心领域知识展开，通过导图精学、测验提学等环节强化领域知识的学习。在技能训练任务中，结合真实工作情境学习和思考各岗位的岗位职责，达到学以致用的目的。通过模拟实训任务强化和考察同学们的知识学习和技能训练成效。另外，在阅读拓学环节中，收录了许多团队、个人的应急处理故事，实现故事育人。最后，通过项目小结、评价量规实现老师与学生、学生与学生之间的互动，增强课堂教学评价的效果，实现评价促学。

本书编者为从事城市轨道交通运营服务专业职业教育的一线教师，由于编者能力所限，本书难免存在疏漏，敬请广大读者批评指正。

目 录

项目 1
车站屏蔽门系统故障的应急处理

案例导学

2022 年 1 月 22 日下午 4 点 30 分左右，上海地铁 15 号线祁安路站发生了一起悲剧。一名老年女乘客在下车时被屏蔽门夹住，工作人员急速上前帮助其脱困，后经送医抢救，该乘客仍不幸身亡。

事发当天的地铁处于无人驾驶模式，监控显示，乘客下车时被屏蔽门夹住。现场工作人员第一时间冲上去试图拉出乘客，但拖拽无果。为了防止个别屏蔽门故障影响其他屏蔽门系统的正常运行，工作人员在就地控制盒（LCB）中发出了关门指令，但出现故障的屏蔽门被强行“隔离”，导致安全回路被强制接通，门状态指示灯变成常亮，列车启动，乘客被拖拽至车体和屏蔽门之间。尽管工作人员在列车启动后按压紧急停车按钮，但为时已晚，事故已造成乘客重伤。

案例分析：对于开通运营的全自动运行线路，运营单位需对各类运营场景的系统联动、人员操作等底层逻辑和应对流程进行全面复盘、全面审视，加强人员培训和演练；运营期间应配备具有驾驶技能的人员值守列车，全程监视列车运行状态，一旦发生列车故障或异常情况按规则及时处置。

在这个案例中，工作人员应如何操纵屏蔽门系统来保障乘客的安全呢？在日常运营管理中，我们要如何预防和避免此类安全事故的发生呢？

学习目标

1. 知识目标

① 理解屏蔽门的基本结构和工作原理。

② 掌握屏蔽门常见安全隐患的种类和位置。

③ 学习各岗位工作人员在屏蔽门控制中的职责和应急处理原则。

2. 能力目标

① 通过对任务情境的分析，能对屏蔽门系统故障进行调查分析，找出事件发生的原因。

② 通过角色扮演参与实训任务，制订并实施解决屏蔽门系统故障的处理方案。

③ 能提出预防此类事件的办法和措施。

3. 素养目标

① 通过小组合作探究，加强屏蔽门系统故障的安全监管，培养学生的应急意识、防范意识、责任意识、服务意识。

② 通过对任务的分析与情景再现，强化屏蔽门故障事件处理原则。

项目框架

车站屏蔽门系统故障的应急处理项目共分 4 个任务，如图 1-1 所示。

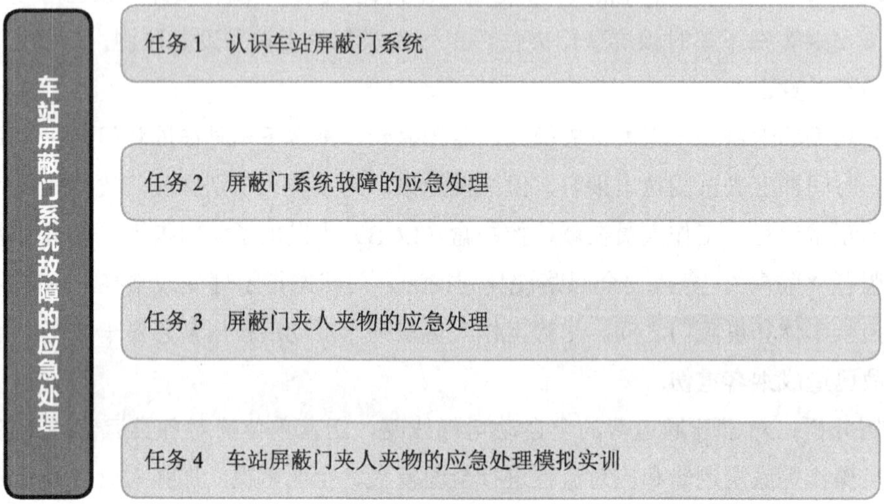

图 1-1　项目框架图

任务 1　认识车站屏蔽门系统

一、情境激学

随着城市轨道交通行业的发展，城市轨道交通屏蔽门系统应运而生，其作用除了保障列车和乘客的进出站安全，还可以减少司机的瞭望次数，降低站台冷热气的流失，降低列车运行噪声对车站的影响，为乘客提供舒适的候车环境。

通过认识车站屏蔽门系统，我们将了解屏蔽门系统的概念，学习屏蔽门系统的结构、分类、作用，全面掌握屏蔽门系统的控制方式，强化服务意识、安全操作规范及责任意识。

通过认识车站屏蔽门系统，为我们将来从事城市轨道交通车站站务服务工作打下基础。在未来的工作中，面对不同突发事件时，我们能够正确控制屏蔽门系统，将乘客与列车的安全保障落实到实际工作中。

二、知识链学

认识车站屏蔽门系统要完成以下 4 个领域知识的学习，如图 1-2 所示。

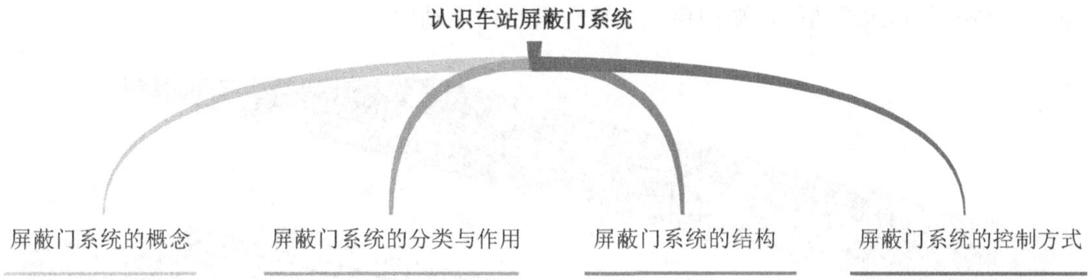

图 1-2　知识链学框架图

领域知识 1　屏蔽门系统的概念

屏蔽门系统（PSD）是一种应用于城市轨道交通车站的门系统。该系统能将隧道区间与车站站台屏蔽分隔，故称屏蔽门系统，简称屏蔽门，也称站台门、安全门。

领域知识 2　屏蔽门系统的分类与作用

1. 屏蔽门系统的分类

屏蔽门系统根据密封性能可以分为全封闭屏蔽门系统和半封闭屏蔽门系统。**全封闭屏蔽门系统**可以将隧道区间与车站站台完全分隔开，具有较好的密闭性，适用于地下车站。**半封闭屏蔽门系统**则由一道不封顶的玻璃隔墙和活动门组成，有全高屏蔽门系统和半高屏蔽门系统两种形式。全高屏蔽门系统门体顶部距离站厅顶部有一段不封闭空间，而半高屏蔽门系统门体高度则不超过人体高度。

2. 屏蔽门系统的作用

① 防止乘客或物品落入轨道，确保列车运行的安全，为实现城市轨道交通无人驾驶提供保障。

② 减少列车运行噪声和活塞风对站台候车乘客的影响，改善乘客候车环境。

③ 通过设置屏蔽门系统，限制非工作人员进入隧道，加强对乘客的管理。

④ 减少车站站台与隧道区间之间的气流交换，降低空调系统的能耗，实现节能减排。

⑤ 通过简化车站整体空间布置，降低设备容量、数量和土建工程量等建设成本，从而实现良好的社会效益和经济效益。

领域知识 3　屏蔽门系统的结构

屏蔽门系统由机械部分和电气部分组成。机械部分包括门机系统和门体结构，电气部分包括控制系统和电源系统。门机系统主要由驱动电机、传动装置和锁紧装置组成，而门体结构则包括顶箱、门状态指示灯、门槛、门本体等部分。如图 1-3 所示，屏蔽门门本体包含标准单元、非标单元、端门单元，标准单元包含标准滑动门、应急门和固定门，非标单元主要包含非标滑动门，端门单元主要包含端门活动门。

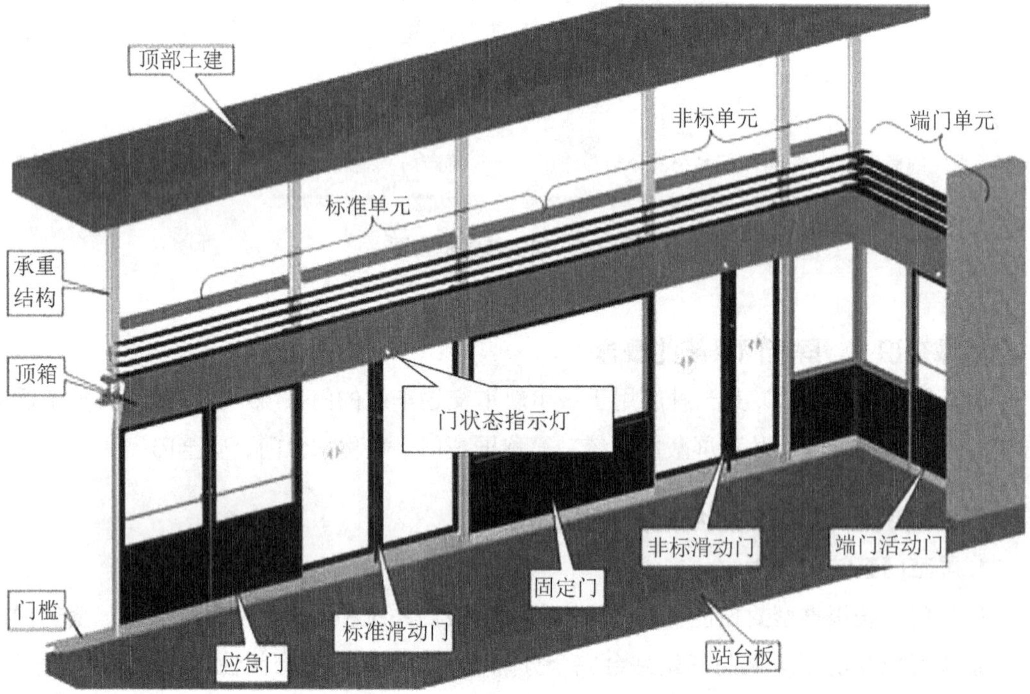

图 1-3　屏蔽门门本体结构

领域知识 4　屏蔽门系统的控制方式

车站屏蔽门系统的控制指的是将屏蔽门系统的滑动门打开和关闭，其控制方式按照控制优先级依次是就地级控制、车站级控制与系统级控制。

① 就地级控制：包括手动控制、就地控制盒（LCB）控制和就地控制盘（PSL）控制三种。

手动控制指的是由工作人员在站台使用钥匙手动进行开关门操作，或不使用钥匙从隧道侧手动进行开关门操作。工作人员在使用钥匙时，需要将特制钥匙插入锁孔，按照解锁标识箭头指示的方向旋转钥匙至解锁。然后，利用橡胶门缝向两侧平拉屏蔽门系统的滑动门，就可以打开滑动门。

就地控制盒（LCB）控制是通过每个滑动门相应的就地控制盒（LCB）进行单个滑动门开关门操作。就地控制盒（LCB）的钥匙转换开关通常有“自动”“隔离”“手动开门”“手动关门”四个位置，如图 1-4 所示。当钥匙转换开关处于“自动”位置时，屏蔽门系统接收中央接口盘（PSC）的“开门命令”和“关门命令”；当钥匙转换开关处于“隔离”位置时，单个滑动门与系统隔离，不影响整个系统的正常工作；当钥匙转换开关处于“手动开门”或“手动关门”位置时，维修人员可通过滑动门顶箱内的开关门按钮进行手动操作。

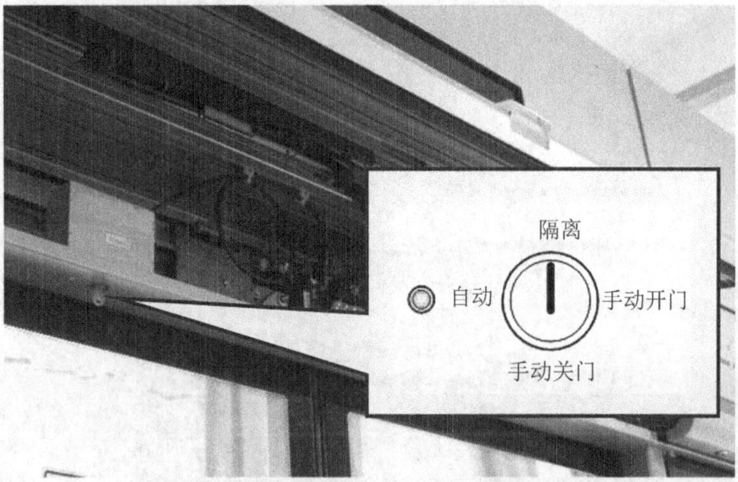

图 1-4　就地控制盒（LCB）的钥匙转换开关

就地控制盘（PSL）控制是通过每侧站台的发车端设置的就地控制盘（PSL）（见图 1-5）进行屏蔽门系统整侧滑动门的开关门操作。就地控制盘（PSL）安装在端门外，供列车司机在驾驶室内或离开驾驶室时进行操作。就地控制盘（PSL）上通常设有门关闭锁紧状态指示灯、互锁解除状态指示灯、PSL 操作允许钥匙开关、互锁解除钥匙开关等设备，以便列车司机实时了解屏蔽门的状态，确保屏蔽门的正常运行。

② 车站级控制是指通过综合后备盘（IBP）（见图 1-6）上的屏蔽门开关，对屏蔽门进行紧急控制。

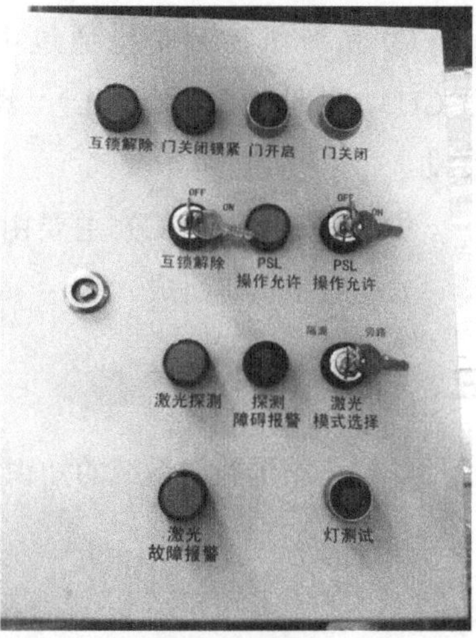

图 1-5　就地控制盘（PSL）

综合后备盘（IBP）以每侧站台滑动门为独立控制对象，通常安装在车站控制室内。工作人员在车站紧急情况下（如火灾、地震等），可以通过操作综合后备盘（IBP）上的开门到位按钮，打开屏蔽门系统的滑动门。该操作属于紧急状态下的紧急开门命令，具有较高的优先级，高于就地控制盘（PSL）控制和系统级控制。在正常情况下，滑动门通常处于自动位，由系统自动控制其开关。

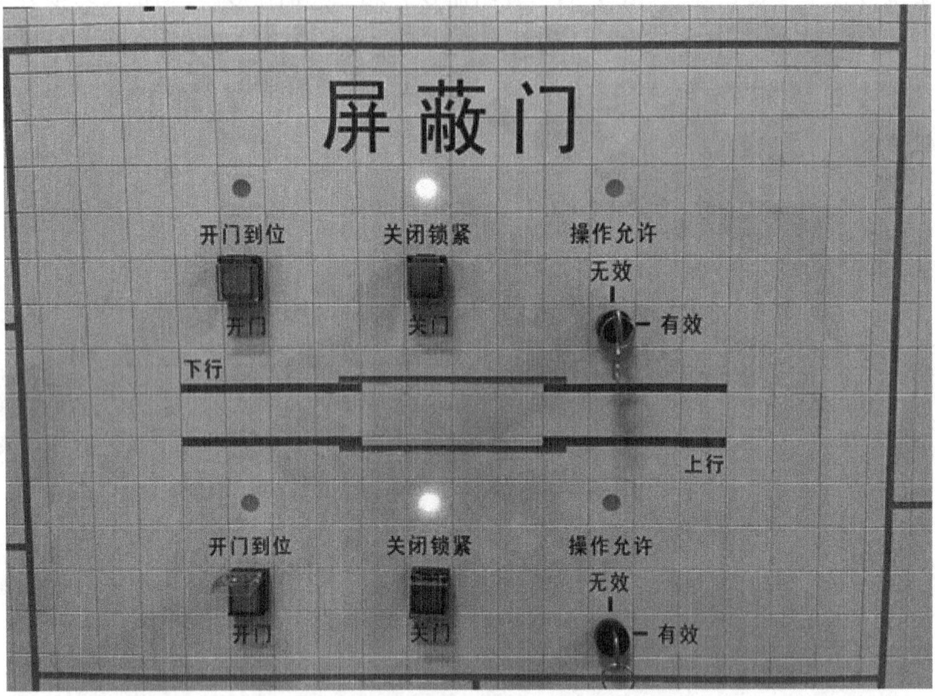

图 1-6　综合后备盘（IBP）

③ 系统级控制是指通过中央接口盘（PSC）管理屏蔽门系统，实现与门控单元（DCU）、就地控制盘（PSL）、激光探测系统（LDS）、端门（MSD）、电源系统（PS）的联动。

中央接口盘（PSC）主要由指示灯盘、操作盘、工控机、可编程逻辑控制器、断路器、安全继电器等组成。

三、导图精学

认识车站屏蔽门系统的知识框架如图 1-7 所示。

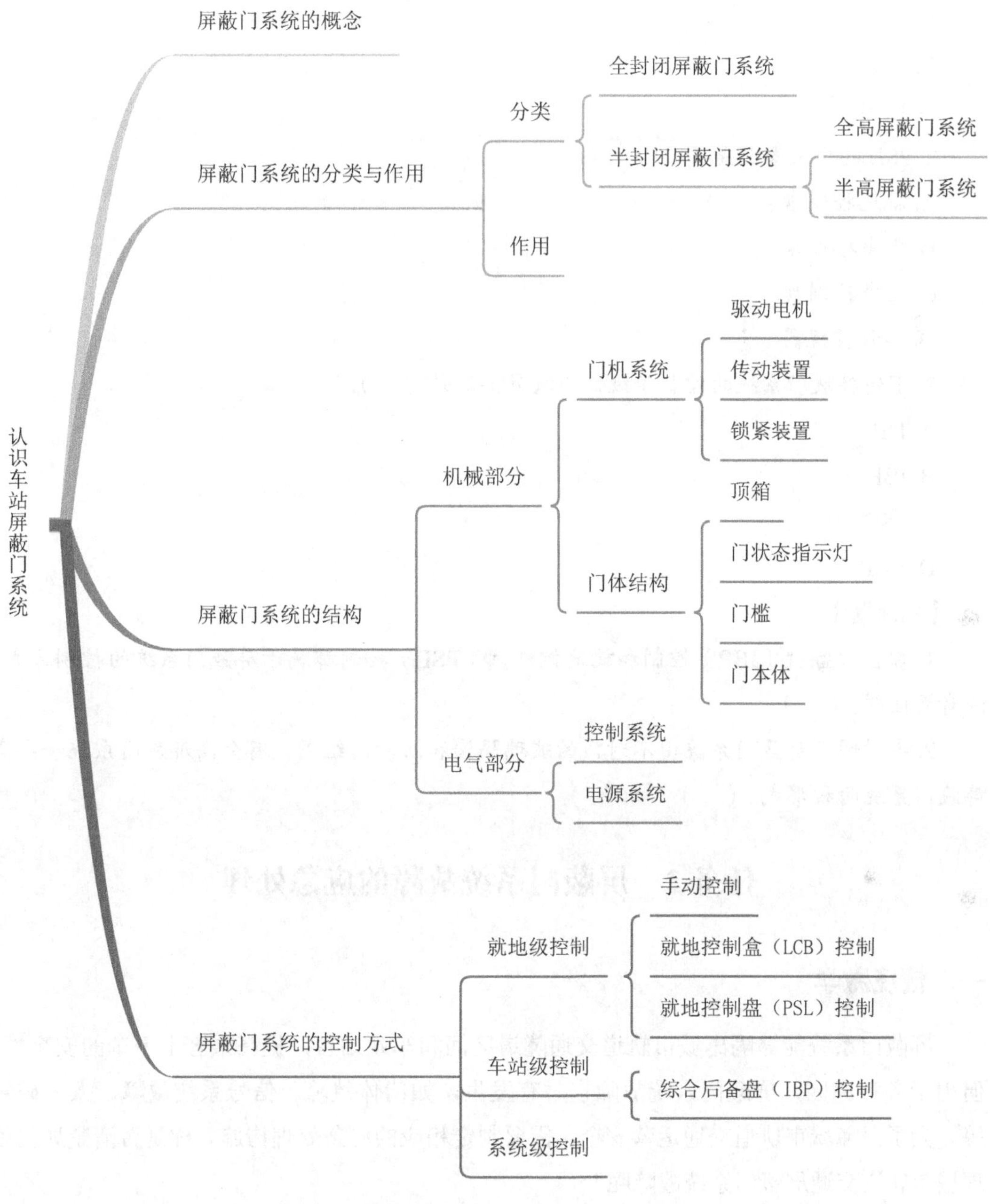

图 1-7　认识车站屏蔽门系统的知识框架

四、测验提学

【单选题】

1. 屏蔽门系统的系统级控制指的是通过（　）来控制屏蔽门。

A. PSL

B. IBP

C. PSC

D. LCB

2. PSL 的中文含义是（　）。

A. 就地控制盘

B. 中央接口盘

C. 应急控制盘

D. 远程监视器

3. 下列屏蔽门系统的控制等级优先级最高的是（　）。

A. PSL

B. IBP

C. PSC

D. LCB

【判断题】

1. 综合后备盘（IBP）控制和就地控制盘（PSL）控制都属于屏蔽门系统的控制方式，两者无区别。（　）

2. 半封闭型屏蔽门系统由不封顶的玻璃隔墙和活动门组成，有全高屏蔽门系统和半高屏蔽门系统两种形式。（　）

任务 2　屏蔽门系统故障的应急处理

一、情境激学

屏蔽门系统能够隔离城市轨道交通隧道区间和车站站台，提高乘客上下车的安全性。但由于各种原因，屏蔽门系统故障也时有发生，如门体故障、信号系统故障、人为破坏等。为了保障城市轨道交通运营安全，需要制定相应的应急处理措施。你是否清楚如何处理城市轨道交通屏蔽门系统故障呢？

通过学习城市轨道交通屏蔽门系统故障的应急处理方法，我们会了解常见的屏蔽门系统故障类型，包括门体故障、互锁故障、玻璃破碎等；掌握应急处理流程，包括现场确认、情况汇报、启动应急方案、乘客疏散等步骤；了解相应的安全注意事项，确保应急处理过程的安全性；具备判断故障类型、采取相应处理措施以及保障乘客安全的能力。

作为未来城市轨道交通运营服务的工作者，我们应具备面对屏蔽门系统故障时，能够迅速响应、准确处理，为城市轨道交通运营安全保驾护航的能力。

二、任务践学

在城市轨道交通联锁控制系统中，车站屏蔽门的开启和关闭情况对接发列车、控制行车间隔和保护乘客安全至关重要。为保障车站屏蔽门系统的正常运行，需要针对单个门的故障、单侧门的故障、门无法开启、门无法关闭等情况制定相应的应急处理方案。

【知识链接】——紧急开门装置

在列车的每扇车门上均安装有紧急开门装置，以便在列车出现故障或紧急情况下手动开门。紧急开门装置通常由内部和外部两套设备组成。每节列车每扇门均有一套内部紧急开门设备和两套外部紧急开门设备。内部紧急开门设备是一个带锁的曲柄，可由乘客手动操作，也可由司机使用方孔钥匙操作。

任务活动 1　使用互锁解除接发列车

在日常运营情况下，列车自动运行控制系统（ATC）控制屏蔽门完成自动开关门动作。如果屏蔽门系统发生故障，需要将有故障的屏蔽门从联锁系统中解除互锁，以确保正常的行车组织。

使用互锁解除接发列车就是将就地控制盘（PSL）打至互锁解除位，使得列车不受屏蔽门互锁的影响，能正常动车出站，这被称为互锁解除。就地控制盘（PSL）互锁解除操作有自复位和非自复位两种，自复位需要站务员将钥匙一直保持在互锁解除位直至列车驶离车站，松手后会恢复到互锁位，非自复位无需站务员一直操控，但在列车出站后要复位，否则列车与屏蔽门间互锁持续解除，容易发生安全事故。在互锁解除接发列车时需要行车值班员、站台岗工作人员、值班站长的联合作业，共同处理故障，他们的具体岗位职责见表 1-1。

表 1-1　使用互锁解除接发列车时各岗位的岗位职责

岗位	岗位职责
行车值班员	在后续列车因屏蔽门系统故障影响行车时，安排站台岗工作人员在端门外操作就地控制盘（PSL）完成互锁解除接发列车（整侧门均不能正常关闭时除外）
	通知与列车运行方向一致的邻站后续列车，到站后向本站报点
	接到后方站报点后，通知站台岗工作人员操作就地控制盘（PSL）至互锁解除状态
站台岗工作人员	接到行车值班员的通知后，到端门外操作就地控制盘（PSL），使用钥匙操作至互锁解除状态
	列车到站停妥后，使用就地控制盘（PSL）打开屏蔽门
	乘客上下车完毕后，使用就地控制盘（PSL）关闭屏蔽门，再使用钥匙操作至互锁解除状态
	待列车尾部离开轨道电路 S 棒（隧道区间的端点）后，松开钥匙开关

（续表）

岗位	岗位职责
值班站长	如有滑动门 / 应急门异常开启时，设置安全防护栏或安排人工看护（人工看护时，原则上每个人可监护五个相邻滑动门）
	乘客上下车完毕后，向司机显示“好了”信号

【知识链接】列车与屏蔽门之间的互锁

列车的运行与屏蔽门在同一个安全回路中，只要有一扇屏蔽门没有关闭锁紧，安全回路就无法建立，列车就无法动车，这被称为列车与屏蔽门之间的互锁。

任务活动 2　单个屏蔽门开启异常的应急处理

在现行的城市轨道交通车站屏蔽门系统故障处理作业标准中，将屏蔽门开启故障分为单个或数个屏蔽门不能开启、整侧屏蔽门不能开启两类。我们以单个屏蔽门不能开启为例，介绍单个屏蔽门开启异常的应急处理流程，如图 1-8 所示。

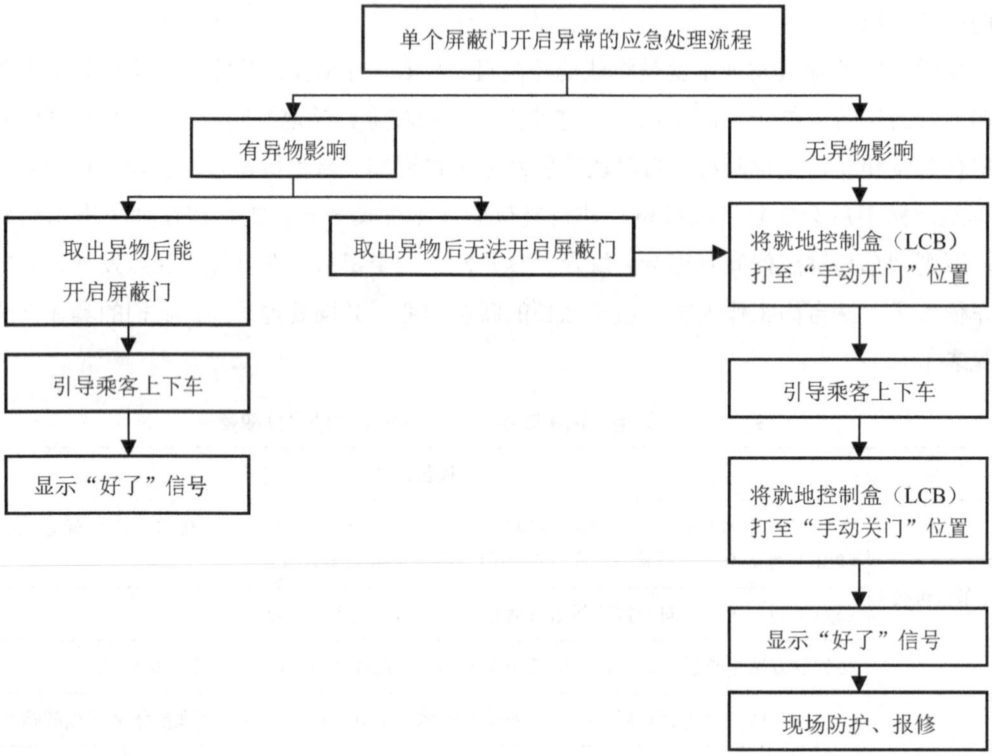

图 1-8　单个屏蔽门开启异常的应急处理流程

在处置单个屏蔽门开启异常故障的过程中，需要司机和站台岗工作人员联合作业，他们的具体岗位职责见表 1-2。

表 1-2 单个屏蔽门开启异常故障处理时各岗位的岗位职责

岗位	岗位职责
司机	视情况适当延长列车停站时间，并报告行车调度员
	乘客上下车完毕后，关门，动车离站
站台岗工作人员	将情况报告车站控制室
	在故障门上粘贴故障告示
	做好乘客安全广播，引导乘客从正常门上下车
	将具体故障信息通报给维修承包商和维修调度员
	当一节车厢对应的屏蔽门全部不能正常开启时，需要至少手动打开一个屏蔽门，并将其隔离和断电，引导乘客上下车

任务活动 3 整侧屏蔽门关闭异常的应急处理

整侧屏蔽门关闭异常的应急处理流程，如图 1-9 所示。

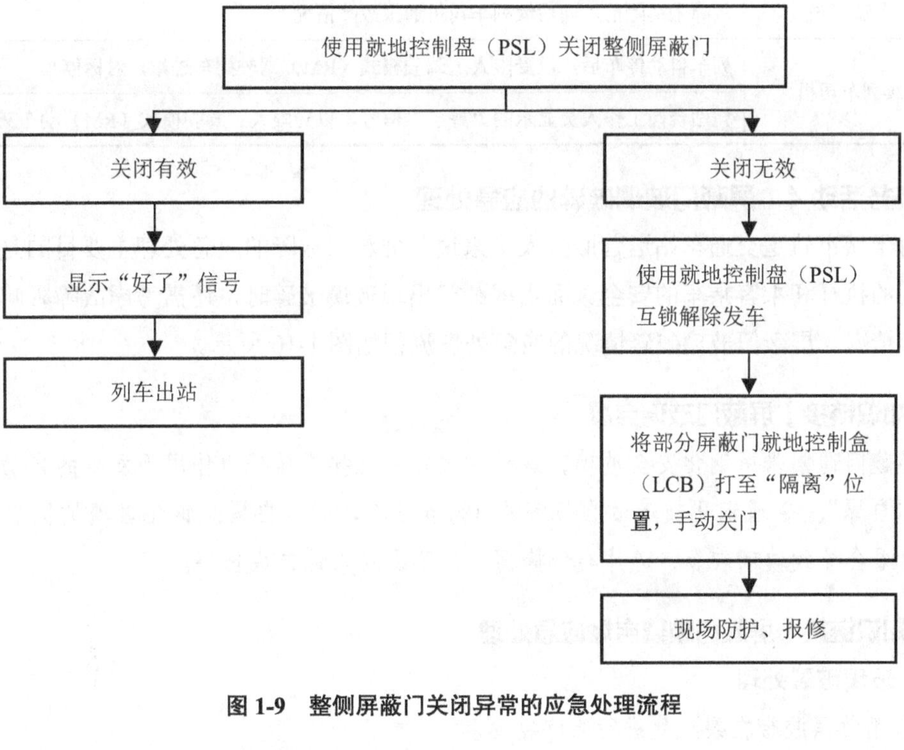

图 1-9 整侧屏蔽门关闭异常的应急处理流程

在处理整侧屏蔽门关闭异常故障的过程中，需要司机、站台岗工作人员、行车值班员、值班站长、行车调度员、后续列车司机联合作业，他们的具体岗位职责见表1-3。

表1-3　整侧屏蔽门关闭异常故障处理时各岗位的岗位职责

岗位	岗位职责
司机	立即报告车站控制室，报告行车调度员
	凭站台岗工作人员显示的“好了”信号，以受限人工驾驶模式（RM）动车离站
站台岗工作人员	立即报告车站控制室
	对开启的屏蔽门设置安全防护
	对开启的屏蔽门做好安全防护或人工看护后（人工看护时，原则上每个人可监护五个相邻滑动门），向司机显示“好了”信号
	待后续列车上的乘客上下车完毕并做好安全防护后，向司机显示“好了”信号
行车值班员	将故障信息通报给值班站长、行车调度员、维修调度员和维修承包商
	加强对车站站台乘客的安全广播
值班站长	接报后，组织人员加强对开启的屏蔽门的监督防护（人工看护时，原则上每个人可监护五个相邻滑动门）
行车调度员	故障未消除前，向后续列车司机通报故障情况
后续列车司机	列车自动停车后，以受限人工驾驶模式（RM）驾驶列车进站，对标停车
	凭站台岗工作人员显示的“好了”信号，以受限人工驾驶模式（RM）动车离站

任务活动4　屏蔽门玻璃破碎的应急处理

对于城市轨道交通车站运营服务人员来说，屏蔽门故障的应急处理主要目的是保障行车计划的执行和乘客乘车的安全。而当屏蔽门出现玻璃破碎时，还需考虑故障影响的二次扩大等情况。屏蔽门玻璃破碎情况的应急处理流程如图1-10所示。

【知识链接】屏蔽门玻璃自爆

屏蔽门通常采用钢化安全玻璃，这种玻璃在无直接机械外力作用下发生的自动性炸裂叫做“自爆”。普通钢化玻璃的自爆率在1%至3%之间。自爆是钢化玻璃的固有特性之一。自爆会导致玻璃破裂，碎片类似蜂窝状，不易对人体造成伤害。

【知识链接】屏蔽门玻璃自爆应急处理

1. 玻璃破裂处理

①用黄黑胶带在裂纹处进行米字粘贴。

② 将该道屏蔽门系统的滑动门用就地控制盒（LCB）打至“手动开门”位置，防止隧道风将玻璃吹爆。

③ 安排人员在该故障门处监护，防止乘客或物品掉入轨道。

2.玻璃碎片处理

① 当玻璃碎片已掉入隧道区间，且影响行车时，发现者应第一时间按压紧急停车按钮并报告车站控制室。

② 站台岗工作人员向行车调度员申请下轨道清理。

③ 当玻璃碎片掉落在站台时，站台岗工作人员需做好现场防护，禁止乘客靠近并报告车站控制室。

④ 车站工作人员做好乘客服务工作，配合抢修作业。

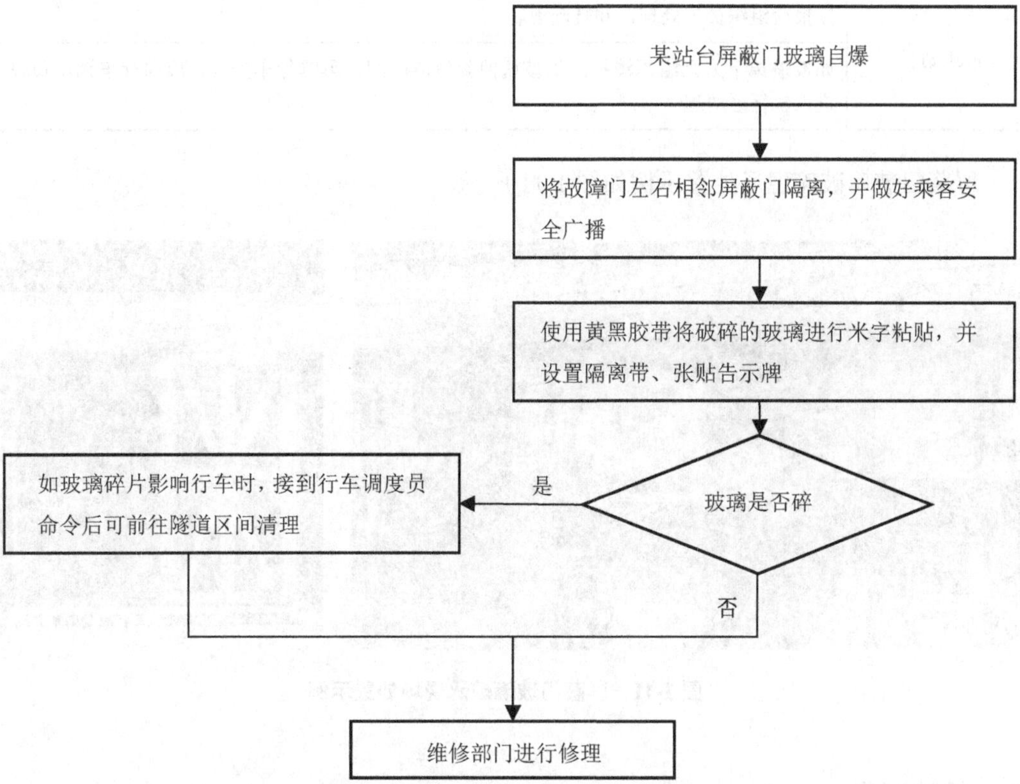

图 1-10　屏蔽门玻璃破碎应急处理流程图

在处理屏蔽门玻璃破碎情况时，需要站台岗工作人员、行车值班员、值班站长联合作业，他们的具体岗位职责如表 1-4 所示。

表 1-4　屏蔽门玻璃破碎情况应急处理时各岗位的岗位职责

岗位	岗位职责
站台岗工作人员	发现玻璃破碎后立即报告车站控制室，将该门隔离、断电
	如玻璃未掉下来，将故障门左右相邻两个屏蔽门隔离、断电后，让它们常开；端门玻璃破碎时，将邻近的屏蔽门隔离后，让它们常开
	使用黄黑胶带将破碎的玻璃进行米字粘贴，并设置隔离带、张贴告示牌
	加强对相关屏蔽门的监督防护，提醒乘客注意安全
行车值班员	通知值班站长到现场处理
	做好乘客安全广播
	将信息通报给行车调度员、维修调度员和维修承包商
值班站长	接报后组织员工处理，并赶赴现场
	如玻璃掉下来则组织清扫；如玻璃掉到隧道区间，影响行车安全，应向行车调度员报请进入轨行区清理

屏蔽门玻璃破碎现场处置示例如图 1-11 所示。

图 1-11　屏蔽门玻璃破碎现场处置示例

三、策略深学

屏蔽门常见故障的处理应遵循以下原则：

① 处理屏蔽门故障时，应坚持“在确保安全前提下，先发车后处理”的原则。

② 与信号系统联锁后，在受限人工驾驶模式（RM）、自动驾驶模式下，屏蔽门均可实现与车门同步开关。在反方向运行及不受限人工驾驶模式（URM）下，必须使用就地控制盘（PSL）开关屏蔽门。

③ 将故障屏蔽门断电代表已将屏蔽门隔离，需要断电且保持屏蔽门开启状态。故障屏蔽门不影响行车时，必须隔离。

④ 当屏蔽门的故障影响列车接发时，首列车接发不需要使用互锁解除，后续列车（自第二列起）使用互锁解除接发列车。

⑤ 对不能关闭的单个或多个屏蔽门，必须设置安全防护栏或安排人工看护。人工看护时，原则上每个人可监护五个相邻滑动门。

⑥ 站台一侧屏蔽门系统的滑动门不能开关时，车站必须安排不少于 3 人到现场支援。

⑦ 当一节车厢对应的屏蔽门全部不能正常开启时，需要至少手动打开一个滑动门，并将其隔离和断电，引导乘客上下车。

⑧ 故障屏蔽门修复后，需进行相应侧的屏蔽门开关门试验，由行车调度员负责组织。

⑨ 在无列车停靠站台且需要人工手动打开单个或多个屏蔽门时，必须先征得行车调度员同意，确保安全。

⑩ 车站屏蔽门备用钥匙要求统一放在监控亭，由站台岗工作人员负责保管。

⑪ 对已开启的屏蔽门进行断电前，必须征得行车调度员同意，并按压紧急停车按钮。

⑫ 操作就地控制盘（PSL）的技术要求：在操作屏闭门开关时需将“PSL 操作允许”钥匙打至“on”位，在开门时，要按“门关闭”按钮 1s，再按“门开启”按钮 5s，确保屏蔽门全部打开；在关门时，要按“门关闭”按钮 5s，确保屏闭门全部关闭，屏蔽门就地控制盘（PSL）“门关闭锁紧”绿灯亮后，才可将“PSL 操作允许”钥匙拔出。

四、测验提学

【单选题】

1. 对屏蔽门破裂的玻璃用黄黑胶带进行（　）。

A. 米字粘贴

B. 木字粘贴

C. 田字粘贴

D. 由字粘贴

2. 下列关于屏蔽门故障的处理原则正确的是（　）。

A. 先通车后处理

B. 先处理后通车

C. 处理与通车同时进行

D. 以上均错误

3. 当车门与屏蔽门不联动，屏蔽门无法关闭时，司机使用就地控制盘（PSL）“关门”，但关门仍不成功，站台岗工作人员需进行（　）操作，直至故障解除。

A. 手动开

B. 手动关

C. 互锁解除

D. 综合后备盘（IBP）应急开门

【判断题】

1. 滑动门玻璃破碎时，应该将该道滑动门用就地控制盒（LCB）打至“手动开门”位置，防止隧道风将玻璃吹爆。(　)

2. 列车的运行与屏蔽门在同一个安全回路中，只要有一扇屏蔽门没有关闭锁紧，安全回路就建立不了，列车就无法动车，这被称为互锁解除。(　)

3. 因为综合后备盘（IBP）的优先级别比就地控制盘（PSL）高，所以当发生整侧屏蔽门无法打开的故障时，应该优先使用综合后备盘（IBP）开启故障屏蔽门。(　)

任务3　屏蔽门夹人夹物的应急处理

一、情境激学

2022年1月17日，在杭州地铁4号线彭埠站，一名着急上车的女子将包甩进屏蔽门缝隙，导致屏蔽门、地铁车门再度开启，地铁延误了1分钟。为了应对屏蔽门夹人夹物的紧急情况，我们需要制定相应的应急处理措施。

通过学习屏蔽门夹人夹物的应急处理方法，我们可以了解城市轨道交通屏蔽门夹人夹物的应急处理流程；掌握正确应对屏蔽门夹人夹物情况的技能。通过制定和执行应急预案，增强安全意识和责任感。

作为未来城市轨道交通运营服务的工作者，我们可以在发生屏蔽门夹人夹物的紧急情况时，迅速、准确地处理，为确保城市轨道交通的安全做出贡献。

二、任务践学

任务活动1　列车未动车时屏蔽门夹人夹物的应急处理

请结合所学，依据表1-5中列车未动车时，屏蔽门夹人夹物应急处理时各岗位的岗位职责，绘制该情况的处理流程图。

【知识链接】屏蔽门系统障碍物探测功能介绍

屏蔽门系统的滑动门能够探测到最小厚度5mm、最小宽度40mm的刚性障碍物。滑动门在关闭过程中探测到障碍物，将立即停止关闭并重新打开到预先设定的宽度，延迟一定时间（在 0～10s 内可调节）后重新关闭。如果障碍清除，则门会关闭并锁紧。如果障碍物依然存在，则门将关闭 / 重开连续循环若干次（在 1～5 次内可调节）。如果障碍物仍然不能清除，则滑动门将打开到最大宽度并保持不动，同时发出声光报警。站台岗工作人员人工清除障碍物后，手动关闭并锁紧滑动门。

【知识链接】屏蔽门与列车之间防夹装置

屏蔽门与列车之间防夹装置包括以下四种：

第一种，屏蔽门轨道侧下缘安装挡板（优点：在一定程度上缩小了屏蔽门和列车门之间的间距，黄白色提示醒目。缺点：安全性能不高，身材瘦小的乘客仍有可能被夹。）

第二种，屏蔽门端门处安装软光管。

第三种，安装红外线探测装置（缺点：发散角大，易受外界光线干扰，发生误报警、漏报警）。

第四种，安装激光探测装置（优点：发散角小，光束集中，抗干扰能力强）。

表 1-5 列车未动车时屏蔽门夹人夹物应急处理时各岗位的岗位职责

岗位	岗位职责
站台岗工作人员	发现列车车门 / 屏蔽门夹人夹物且没有自动弹开释放时，立即就近按压紧急停车按钮
	在赶赴现场查看的同时将情况报告车站控制室
	向司机显示“停车”信号，示意司机重新打开车门 / 屏蔽门
	将人或物撤出后，向车站控制室报告，并向司机显示“好了”信号
	值班站长到场后，协助调查处理
行车值班员	发现异常或接到报告后，通知值班站长前往处理，并向行车调度员汇报
	利用闭路电视监控系统（CCTV）观察现场情况
	通知公安或地铁执法人员到场协调处理
	接到人或物撤出通知后，取消紧急停车，并向行车调度员汇报
值班站长	赶赴现场处理，调查事件原因
	如果发生乘客受伤事故，按《乘客受伤处理程序》办理
	若由乘客抢上抢下造成屏蔽门夹人夹物时，寻找目击证人，并记录详细资料
	事件处理完毕后，将有关情况通报行车调度员。同时对乘客进行教育，对蛮不讲理的乘客，通知公安或地铁执法人员到场协调处理

（续表）

岗位	岗位职责
司机	如果接到报告或观察到夹人夹物后，应重新打开车门和屏蔽门，待人和物撤离后，再关闭车门和屏蔽门
	如果司机发现而站台岗工作人员未发现夹人夹物情况时，应通知车站控制室
	凭站台岗工作人员显示的“好了”信号，关闭车门和屏蔽门，确认车门和屏蔽门无夹人夹物及车门和屏蔽门之间空隙无滞留人或物
	凭行车调度员指令动车
行车调度员	接到报告后，了解现场情况，必要时，指示有关人员按行车规章处理，监控事件处理过程和结果，提醒相关人员防止夹人夹物时动车
	接到事件处理完毕报告后，指示司机动车

任务活动 2　列车已动车时屏蔽门夹人夹物应急处理

请结合所学，依据表 1-6 中各岗位在列车已动车时，屏蔽门夹人夹物应急处理中的岗位职责，绘制该情况的处理流程图。

表 1-6　列车已动车时屏蔽门夹人夹物应急处理时各岗位的岗位职责

岗位	岗位职责
站台岗工作人员	发现列车车门 / 屏蔽门夹人夹物，列车已启动，立即就近按压紧急停车按钮
	立即将情况报告车站控制室，如列车尚未出站且所在位置在站台有效范围内，应前往夹人夹物现场了解情况和处理
	如果列车未停车，应立即报告车站控制室
行车值班员	发现异常或接到报告后，立即向行车调度员汇报，并通知值班站长到现场进行处理，如果列车未停止运行，应立即向行车调度员汇报，不能立即与行车调度员通话时，应通知前方站扣停列车进行处理
	利用闭路电视监控系统（CCTV）观察现场情况。需要时，通知公安或运管办到场协调处理
	接到行车调度员通知后，取消紧急停车，恢复正常运作
值班站长	赶到现场，协助司机进行处理
	调查事件原因，并检查是否对车站设备造成影响，将有关情况通报行车调度员
行车调度员	接到报告后，通知司机前往现场处理
	通知前方站安排人员到指定车厢了解情况和采取相应的处理措施
	接司机夹人夹物事件处理完毕报告后，通知车站取消紧急停车，指示司机动车
	如对设备造成影响时，还应通知相关部门前往处理和指示后续列车的运行

（续表）

岗位	岗位职责
司机	列车产生不明原因紧急制动后汇报行车调度员（如运行中获知夹人夹物信息应立即停车）
	接到行车调度员（乘客报警）有关夹人夹物处理指示后确认具体位置，通过广播做好乘客安抚工作
	携带手持台前往现场采用单个车门紧急解锁方式处理（解锁前要确保附近乘客的安全），严禁按压司机室门控按钮开门
	处理完毕，恢复车门，汇报行车调度员，凭行车调度员指令动车

三、策略深学

屏蔽门夹人夹物的处理应遵循以下原则：

① 站台岗工作人员应在站台两端的扶梯口值岗，关闭车门和屏蔽门时，应确认是否有夹人夹物的情况。发现夹人夹物的情况应立即向司机显示停车信号，并按压紧急停车按钮。

② 行车值班员在列车到站期间应加强监控，注意观察站台岗工作人员是否有异常，需要时可按压紧急停车按钮。

③ 司机在关门期间应重点监控是否有乘客抢上车，如有，不要急于动车，应观察站台岗工作人员是否显示“紧急停车”信号。

④ 列车车门夹人夹物时，司机应及时汇报并处理。站台岗工作人员不得开启屏蔽门或应急门来处理车门夹人夹物。司机动车后接到夹人夹物处理的命令后，应先向列车内乘客播放广播，再迅速前往现场处理。

⑤ 站台岗工作人员应熟记车站扶梯口对应的列车车厢号码和车门编号，以便及时准确地汇报。

⑥ 事件处理结束，值班站长及时通知站台岗工作人员或行车值班员取消紧急停车。

四、测验提学

【单选题】

1. 当因乘客挤门导致单屏蔽门障碍物探测保护时，正确的操作是（　）。

A. 操作就地控制盒（LCB）至“隔离”位置

B. 操作控制就地盒（LCB）至“自动”位置

C. 等待自动恢复

D. 互锁解除接发车

2. 滑动门能够探测到的最小障碍物符合以下什么条件？（   ）

A. 最小厚度 5mm

B. 最小宽度 40mm

C. 刚性

D. 以上都是

3. 屏蔽门关门时探测到障碍物后，（   ）。

A. 立即停止关闭并重新打开至预先设定宽度

B. 立即停止关闭并重新打开至最大宽度

C. 立即停止关闭并保持在该位置不动

D. 继续关闭至夹碎障碍物后锁紧

【判断题】

1. 发现屏蔽门夹人后，工作人员应第一时间按压紧急停车按钮。（   ）

2 若乘客物品意外掉落轨道中时，乘客可翻越屏蔽门，下轨道捡回物品。（   ）

3. 乘客或物品夹在列车车门或屏蔽门时，列车不能动车。（   ）

任务 4　车站屏蔽门夹人夹物的应急处理模拟实训

屏蔽门系统出现夹人夹物的情况，不仅会危及乘客的安全，也会对城市轨道交通的运营造成影响。本次实训的任务是模拟车站屏蔽门夹人夹物的应急处理过程。实训的内容包括：模拟车站屏蔽门夹人夹物的情况、演练应急处理流程、学习如何与乘客进行沟通，稳定乘客情绪、与公安等外部部门进行协调，及时报警并配合处理，总结实训经验，针对不足之处进行改进和提升。

一、任务分工

1. 以小组为单位开展现场实训演练。

2. 在演练过程中，演练活动的考核主要围绕如表 1-7 所示的评价表中的要点进行。

演练角色设置：建议每小组学员 12 人左右。每个小组设置 1 名观察兼监督员，负责记录学员演练情况。乘客、地铁公安和急救人员若干配合演练。被考核人员包括：站台岗工作人员 1 名，司机 2 名，行车值班员 2 名，值班站长 1 名，行车调度员 1 ～ 2 名。

教师负责演练实施过程的指挥控制，提醒学员按照流程演练，并对每位学员的演练过程进行评估；实训学员扮演不同的角色，完成现场演练要求的各项任务、相互监督、相互提出改进意见。

二、工具准备

手持对讲机、急救箱（包括棉签、消毒水、医用纱布、绷带、创可贴、止痛药等）、担架、相机、隔离带、警戒绳、扎带、暂停使用牌、乘客受伤亡事件调查记录表、乘客证词记录纸、笔等。

三、方案 / 程序实施

车站屏蔽门夹人夹物的应急处理实施流程见图 1-12 所示。

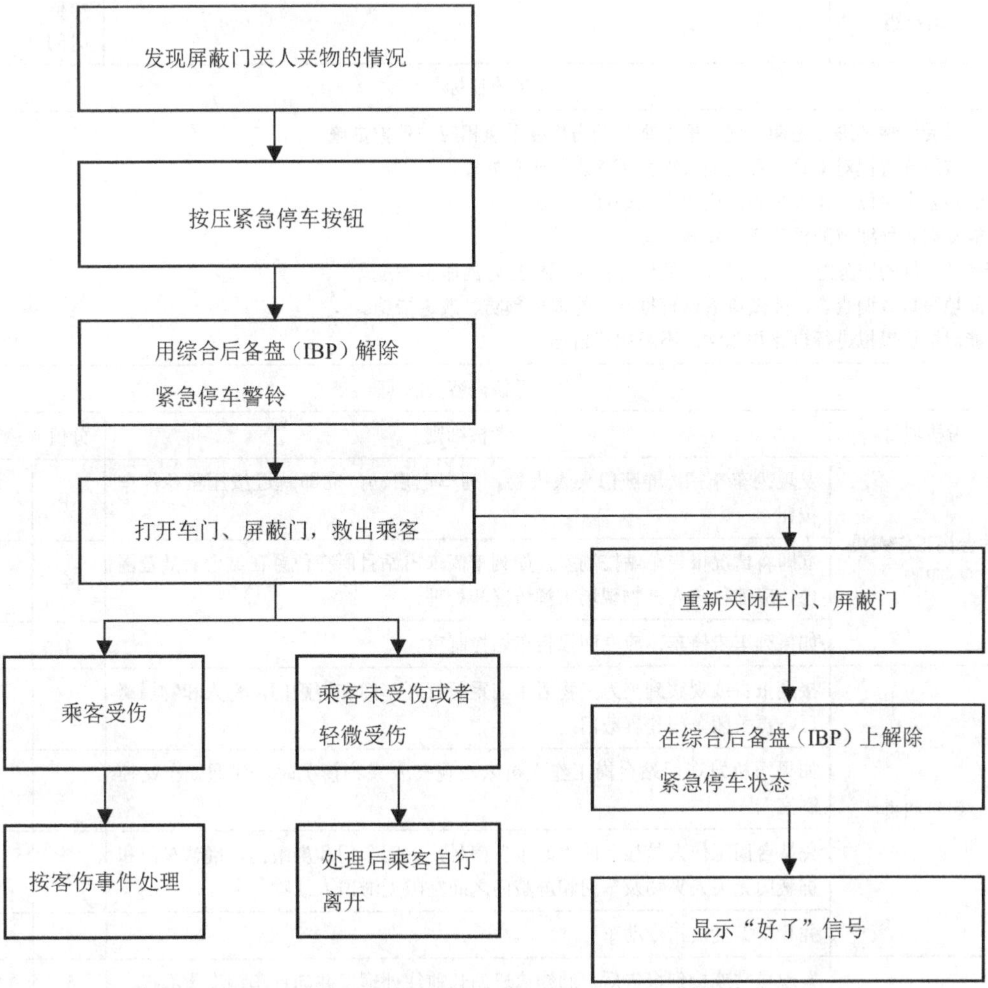

图 1-12　车站屏蔽门夹人夹物的应急处理实施流程

四、模拟检查

在任务的模拟演练过程中，依据表1-7完成车站屏蔽门夹人夹物应急处理模拟实训的过程评价。

表1-7　车站屏蔽门夹人夹物的应急处理模拟实训的过程评价表

实训任务	车站屏蔽门夹人夹物的应急处理		
任务说明	车站屏蔽门夹人夹物处理措施，汇报信息，各岗位职责，事件调查		
班级		姓名	
学习小组		考核时间	
考核目标			
1. 能对受伤乘客进行先期处理，根据乘客受伤程度采取相应的救护措施。 2. 能按正确流程对车站屏蔽门夹人夹物事件进行应急处理。 3. 清楚各个岗位工作人员的岗位职责及处理程序。 4. 能根据各种细节随机应变、妥善处理。 5. 具备良好的服务意识，能在应急处理过程中保持良好的服务态度。 6. 能填写事故调查表，能做事故调查报告，能提出预防、改进措施。 7. 能对情境模拟进行自评与总结，不断完善自己			
考核内容			
考核项目	考核细则	分值	得分
站台岗工作人员职责	发现列车车门／屏蔽门夹人夹物，列车已启动，立即就近按压紧急停车按钮	4	
	立即将情况报告车站控制室，如列车尚未出站且所在位置在站台有效范围内，应前往夹人夹物现场了解情况和处理	4	
	如果列车未停车，应立即报告车站控制室	4	
司机职责	接到报告或观察到夹人夹物后，应重新打开车门和屏蔽门，待人和物撤离后，再关闭车门和屏蔽门	5	
	如果司机发现而站台岗工作人员未发现夹人夹物情况时，应通知车站控制室	4	
	凭站台岗工作人员显示的“好了”信号，关闭车门和屏蔽门，确认车门和屏蔽门无夹人夹物及车门和屏蔽门之间空隙无滞留人或物	4	
	凭行车调度员指令动车	4	
行车值班员职责	发现异常或接到报告后，通知值班站长前往处理，并向行车调度员汇报	5	
	利用闭路电视监控系统（CCTV）观察现场情况	5	
	通知公安或地铁执法人员到场协调处理	4	
	接到值班站长进行封站的通知时，疏散站内乘客，疏散完后报告行车调度员	4	
	接到被夹人或物已撤离通知后，取消紧急停车，并报告行车调度员	4	

（续表）

值班站长职责	赶赴现场处理，调查事件原因	6	
	如发生乘客受伤事故，按《乘客受伤处理程序》办理	5	
	若由乘客抢上抢下造成屏蔽门夹人夹物时，寻找目击证人，并记录详细资料	4	
	事件处理完毕后，将有关情况通报行车调度员。同时对乘客进行教育，对蛮不讲理的乘客，通知公安或地铁执法人员到场协调处理	4	
行车调度员职责	接到报告后，了解现场情况，必要时，指示有关人员按行车规章处理，监控事件处理经过和结果，提醒相关人员防止夹人夹物时动车	6	
	接到事件处理完毕报告后，指示司机动车	4	
总评成绩			

任务完成人签字：

日期：　年　月　日

指导教师签字：

日期：　年　月　日

五、评价

在完成模拟实训后，依据表 1-8 完成车站屏蔽门夹人夹物的应急处理模拟实训的总结评价。

表 1-8　车站屏蔽门夹人夹物的应急处理模拟实训总结评价表

<table>
<tr><td colspan="5">模拟实训：车站屏蔽门夹人夹物的应急处理</td></tr>
<tr><td colspan="3">考核内容</td><td>分值</td><td>考核得分</td></tr>
<tr><td colspan="3">1. 实训方案的准备情况</td><td>30</td><td></td></tr>
<tr><td colspan="3">2. 实训过程考核</td><td>40</td><td></td></tr>
<tr><td colspan="3">3. 对实训遇到问题的解决情况</td><td>20</td><td></td></tr>
<tr><td colspan="3">4. 课堂表现及职业素养</td><td>10</td><td></td></tr>
<tr><td colspan="5">总体评价</td></tr>
<tr><td>教师评价</td><td>小组评价（组间、组内互评）</td><td>个人自评</td><td>学生姓名</td><td></td></tr>
<tr><td></td><td></td><td></td><td>分数</td><td></td></tr>
</table>

阅读拓学

交通运输部发布了《城市轨道交通运营管理规定》（中华人民共和国交通运输部令2018年第8号，以下简称《规定》），于2018年7月1日起施行。现就《规定》中与本项目相关的规定列举如下。

第四十条　城市轨道交通所在地城市及以上地方各级人民政府应当建立运营突发事件处置工作机制，明确相关部门和单位的职责分工、工作机制和处置要求，制定完善运营突发事件应急预案。

运营单位应当按照有关法规要求建立运营突发事件应急预案体系，制定综合应急预案、专项应急预案和现场处置方案。运营单位应当组织专家对专项应急预案进行评审。

因地震、洪涝、气象灾害等自然灾害和恐怖袭击、刑事案件等社会安全事件以及其他因素影响或者可能影响城市轨道交通正常运营时，参照运营突发事件应急预案做好监测预警、信息报告、应急响应、后期处置等相关应对工作。

第四十一条　运营单位应当储备必要的应急物资，配备专业应急救援装备，建立应急救援队伍，配齐应急人员，完善应急值守和报告制度，加强应急培训，提高应急救援能力。

第四十二条　城市轨道交通运营主管部门应当按照有关法规要求，在城市人民政府领导下会同有关部门定期组织开展联动应急演练。

运营单位应当定期组织运营突发事件应急演练，其中综合应急预案演练和专项应急预案演练每半年至少组织一次。现场处置方案演练应当纳入日常工作，开展常态化演练。运营单位应当组织社会公众参与应急演练，引导社会公众正确应对突发事件。

第四十三条　运营单位应当在城市轨道交通车站、车辆、地面和高架线路等区域的醒目位置设置安全警示标志，按照规定在车站、车辆配备灭火器、报警装置和必要的救生器材，并确保能够正常使用。

第四十四条　城市轨道交通运营突发事件发生后，运营单位应当按照有关规定及时启动相应应急预案。运营单位应当充分发挥志愿者在突发事件应急处置中的作用，提高乘客自救互救能力。

现场工作人员应当按照各自岗位职责要求开展现场处置，通过广播系统、乘客信息系统和人工指引等方式，引导乘客快速疏散。

第四十五条　运营单位应当加强城市轨道交通客流监测。可能发生大客流时，应当按照预案要求及时增加运力进行疏导；大客流可能影响运营安全时，运营单位可以采取限流、封站、甩站等措施。

因运营突发事件、自然灾害、社会安全事件以及其他原因危及运营安全时，运营单位可以暂停部分区段或者全线网的运营，根据需要及时启动相应应急保障预案，做好客流疏导和现场秩序维护，并报告城市轨道交通运营主管部门。

运营单位采取限流、甩站、封站、暂停运营措施应当及时告知公众，其中封站、暂停运营措施还应当向城市轨道交通运营主管部门报告。

第四十六条　城市轨道交通运营主管部门和运营单位应当建立城市轨道交通运营安全重大故障和事故报送制度。

城市轨道交通运营主管部门和运营单位应当定期组织对重大故障和事故原因进行分析，不断完善城市轨道交通运营安全管理制度以及安全防范和应急处置措施。

第四十七条　城市轨道交通运营主管部门和运营单位应当加强舆论引导，宣传文明出行、安全乘车理念和突发事件应对知识，培养公众安全防范意识，引导理性应对突发事件。

项目小结

请依据本项目的学习与实践，填写表 1-9，完成本项目的总结提升。

表 1-9　项目小结

教学提纲		主要内容简述
一级	二级	
屏蔽门的基础知识	概述	
	类型	
	组成	
屏蔽门常见故障处置流程	单个屏蔽门无法开启或关闭	
	整侧屏蔽门无法开启或关闭	
	屏蔽门玻璃破碎	
	屏蔽门夹人夹物	
屏蔽门常见故障处置原则	保障行车计划	
	保障乘客安全	

评价量规

请结合本项目各任务的学习和实践情况，完成项目的总体评价，并将评价结果填写在表 1-10 中。

表 1-10　评价量规

<table>
<tr><td colspan="3">课程名称：</td><td colspan="9">所属专业：</td></tr>
<tr><td colspan="3">姓名：</td><td colspan="2">学号：</td><td colspan="3">班级：</td><td colspan="4">组别：</td></tr>
<tr><td colspan="5">填表人：</td><td colspan="7">填表日期：</td></tr>
<tr><td colspan="2">评价指标
（总分 100 分）</td><td rowspan="2">权重</td><td colspan="5">等级说明</td><td colspan="4">评价主体</td></tr>
<tr><td>一级指标</td><td>二级指标</td><td>优秀
（100 ～ 90 分）</td><td>良好
（90 ～ 80 分）</td><td>中等
（80 ～ 70 分）</td><td>合格
（70 ～ 60 分）</td><td>不合格
（60 ～ 0 分）</td><td>学生自评</td><td>组内互评</td><td>组间互评</td><td>教师总评</td></tr>
<tr><td rowspan="2">专业能力
40%</td><td>正确度</td><td>0.2</td><td></td><td></td><td></td><td></td><td></td><td></td><td></td><td></td><td></td></tr>
<tr><td>规范度</td><td>0.2</td><td></td><td></td><td></td><td></td><td></td><td></td><td></td><td></td><td></td></tr>
<tr><td rowspan="2">学习能力
20%</td><td>参与度</td><td>0.1</td><td></td><td></td><td></td><td></td><td></td><td></td><td></td><td></td><td></td></tr>
<tr><td>合作度</td><td>0.1</td><td></td><td></td><td></td><td></td><td></td><td></td><td></td><td></td><td></td></tr>
<tr><td rowspan="2">职业素养
20%</td><td>责任度</td><td>0.1</td><td></td><td></td><td></td><td></td><td></td><td></td><td></td><td></td><td></td></tr>
<tr><td>坚韧度</td><td>0.1</td><td></td><td></td><td></td><td></td><td></td><td></td><td></td><td></td><td></td></tr>
<tr><td rowspan="2">工匠素养
20%</td><td>精益度</td><td>0.1</td><td></td><td></td><td></td><td></td><td></td><td></td><td></td><td></td><td></td></tr>
<tr><td>善为度</td><td>0.1</td><td></td><td></td><td></td><td></td><td></td><td></td><td></td><td></td><td></td></tr>
<tr><td colspan="12">总计：</td></tr>
<tr><td colspan="12">注：
1. 该表的满分为 100 分。
2. 每项平均分标准按优秀、良好、中等、合格、不合格五个等级评分。
3. 每个指标小计得分 =［学生自评 ×30%+（组内互评 + 组间互评）÷2×30%+ 教师总评 ×40%］× 权重。
4. 各项指标小计得分总和即为该学生总得分。
5. 本量规表适用于学生自评、组内互评、组间互评和教师总评</td></tr>
</table>

项目 2
乘客受伤事件的应急处理

案例导学

2023 年 8 月 13 日上午 8 时 25 分，深圳地铁 3 号线华新站，一列开往益田方向的列车即将关闭车门时，一名男子怀抱一名一岁左右的男童挤上车厢，当时男子背对车门，未注意到男童的手指被车门夹住。此时，在站台候车的一名男乘客发现这一情况，立即告知了正在附近服务的义工，义工随后通知了车站工作人员。工作人员发现乘客被夹后，一边往司机室方向奔跑，一边挥舞双手向司机发出紧急停车的信号，并于 2 秒内按下了站台的紧急停车按钮，将情况上报车站控制室。车站立即通知了调度中心，并迅速组织其他工作人员赶往站台处置。8 时 26 分 07 秒，列车在离开站台前停下，夹人的车门被打开，在地铁工作人员的努力下，男童顺利获救，但列车仍无法恢复运营。

经排查，原来列车紧急停车后，有两名乘客擅自拉动了其他车厢中的紧急开门装置，打开了车门，导致列车无法正常启动，打开的车门与站台屏蔽门未对位，于是车站工作人员与司机再次前往处置。监控视频显示，车站工作人员逐个核对车门的状态，同时安抚乘客，维持秩序。本次事件造成该列车及地铁 3 号线华新——益田区段列车不同程度延误，列车最长延误时间为 10 分钟。直至 8 时 35 分，被打开的车门关闭，事件处置完毕，该列车才得以正常启动，后续列车也恢复了正常运行。

在本次事件中，因乘客擅自拉动车厢内的紧急开门装置，导致列车无法启动、延误。该事件也提醒广大市民乘客，不要拿安全做赌注来抢时间。特别是带孩子以及携带行李的乘客，在上下车时更应留意身边的孩子和行李，谨防车门、屏蔽门夹人夹物。发现人或行李被车门夹住时，若不影响人身财产安全，可待列车进入下一站时，车门打开后再取出。若情况紧急，或将影响列车运行时，可直接使用车门旁的紧急呼叫装置，或求助其他乘客使用该装置，第一时间联系司机并说明情况。在车站候车的乘客，可向就近的车站工作人员求助。

学习目标

1. 知识目标

① 理解乘客受伤事件的概念。

② 能说出几种常见乘客受伤事件的类型分类。

2. 能力目标

① 通过情境分析，能准确识别乘客受伤事件的类型，并编写乘客受伤事件的处置方案。

② 通过角色扮演，完成常见乘客受伤事件的应急处理，掌握其标准化作业方法。

③ 通过项目实训，能够提出避免乘客受伤事件发生的措施。

3. 素养目标

① 强化岗位安全意识。

② 树立责任担当意识。

项目框架

乘客受伤事件的应急处理项目共分为 3 个任务，如图 2-1 所示。

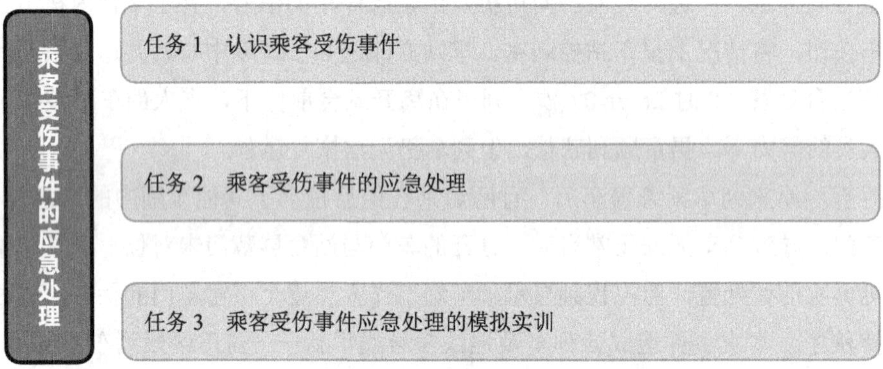

图 2-1　项目框架图

任务 1　认识乘客受伤事件

一、情境激学

在城市轨道交通运营过程中，可能会发生乘客擦伤、刮伤、坠落等意外事件，造成人身伤害或财产损失。这些事件不仅会对乘客造成伤害，还会影响地铁运营的畅通。

通过学习乘客受伤事件的基础知识和处理方法，我们将了解常见的乘客受伤事件概念、特点、类型和责任主体的划分等知识。掌握乘客受伤后的应对措施和处理办法，包括现场确认、乘客疏散、情况调查和善后处理等步骤。

作为未来的地铁运营服务工作者，我们需要掌握乘客受伤事件的基础知识和处理方法，以确保乘客的安全和地铁运营的畅通。建立完整的乘客受伤事件处理知识体系，为处理工作岗位中突发的乘客受伤事件做好知识储备。

二、知识链学

认识乘客受伤事件要完成 4 个领域知识的学习，如图 2-2 所示。

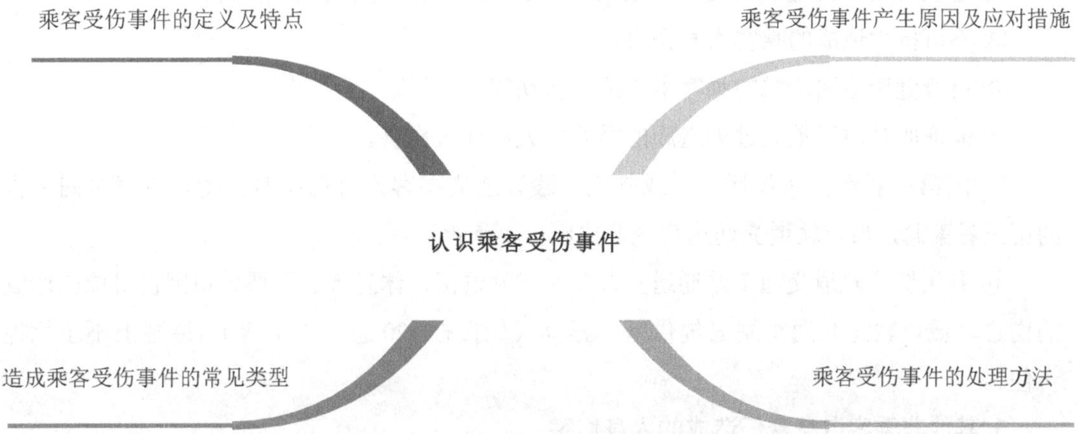

图 2-2　知识链学框架图

领域知识 1　乘客受伤事件的定义及特点

乘客受伤事件，也称客伤事件，是指在城市轨道交通运营区域内，乘客发生碰撞、擦伤、刮伤、坠落等意外情况，或者乘客出现不适、发病、昏迷等症状的情况。乘客受伤事件多发生在早高峰及晚高峰期间、节假日期间。由于在这些时段客流量增大，乘客受伤事件明显增加。特别是乘坐扶梯的乘客受伤事件时有发生，成为乘客受伤处理的难点。随着社会关注度及乘客维权意识的提高，城市轨道交通乘客受伤事件呈现“难控制、难处置、难善后”的特点。

领域知识 2　造成乘客受伤事件的常见类型

1. 对于下列情况之一造成的乘客人身伤害，需城市轨道交通运营企业承担运输责任（自乘客验票进入闸机时起至出闸机时止，在运输期间发生的乘客人身伤害）

① 城市轨道交通设备设施损坏未及时修复且未设置警示、防护造成的。

② 城市轨道交通施工作业造成的。

③ 列车紧急制动造成的。

④ 城市轨道交通范围内垂直电梯、自动扶梯突然停止运行或启动造成的。

⑤ 屏蔽门、车门夹人造成的（属乘客强行上下车的情况除外）。

⑥ 城市轨道交通设备设施发生故障造成的。

⑦ 车站或列车内湿滑未及时清理或未设置警示、防护造成的（因不可抗力造成的除外）。

⑧ 闸机夹人造成的（乘客强行出闸、无票尾随出闸等情况除外）。

2. 对于下列情形之一造成的乘客人身伤害，城市轨道交通运营企业不承担运输责任

① 违反《城市轨道交通运营管理规定》造成的乘客本人或他人伤害。

② 不可抗力造成的乘客人身伤害。

③ 自身健康原因造成的乘客本人或他人伤害。

④ 能证明是故意重大过失造成的乘客本人或他人伤害。

⑤ 因第三者责任（包括斗殴或制止斗殴）造成乘客人身伤害时，受害者直接向施害的第三者索赔，城市轨道交通运营企业原则上不承担责任。

⑥ 利用城市轨道交通车站通道穿行或在车站逗留、休息等的无票人员因自身原因造成的伤亡，城市轨道交通车站只提供基本援助（如拨打 120 急救电话等），原则上不予承担责任。

3. 其他非乘客自身责任造成的人身伤害

① 无票人员在城市轨道交通付费区内发生的人身伤亡，比照乘客办理。

② 无票人员（包括已购票但未验票入闸的人员）在城市轨道交通非付费区内发生的人身伤亡，因城市轨道交通设备设施或管理所致的，比照乘客办理；因其自身原因导致的，城市轨道交通运营企业原则上不承担责任。

领域知识 3　乘客受伤事件产生原因及应对措施

1. 乘客受伤事件产生原因

① 设施设备不完善。

② 乘客自身防范意识差。

③ 服务指引不到位。

④ 季节和天气因素。

⑤ 客流量大。

⑥ 车站卫生状况差。

⑦ 内部管理不善。

2. 乘客受伤事件应对措施

① 规范车站设施设备的采购和日常管理。

② 加强工作人员法律知识的学习和培训。

③ 加强防范乘客受伤办法的宣传。

④ 加强面向乘客设备设施使用的引导。

⑤ 规范轨道交通运营单位的日常管理。

领域知识 4　乘客受伤事件的处理方法

① 车站现场工作人员发现或接到受伤乘客求救时，应立即报告值班站长并赶赴现场了解乘客情况及初步原因。

② 若乘客意识清醒，询问其是否需要车站协助、联系其家人尽快来站救护。若乘客情况危急，意识不清，不及时救护可能会有生命危险，工作人员应及时拨打 120 急救电话，同时需及时上报行车调度员、车站站长及运营单位乘客受伤主管部门。

③ 如果因为城市轨道交通设备造成乘客受伤，应立即停止该设备的运行（影响列车运行的设备除外），并报告车站控制室。

④ 疏散围观群众，寻找目击证人，收集、记录有关证人资料。

⑤ 如果调查需要，应保护好现场，必要时对有关区域进行隔离，并用相机记录有关现场情况。

⑥ 需要时，对乘客外伤进行简单的包扎处理。

⑦ 必要时，根据值班站长安排，站台岗工作人员到紧急出入口引导救护人员进站。

⑧ 必要时，协助警方进行事件调查。

为保证乘客出现伤亡时的技术抢救和快速处理，城市轨道交通运营企业一般设置乘客伤亡紧急处理经费。若初步判断乘客受伤属于城市轨道交通运营企业责任时，车站应立即向有关部门、单位报告，车站可安排员工陪同伤者前往医院检查治疗；伤者在医院所花费用，经请示同意后，可由车站从有关处理经费中垫付。伤者提出索赔时，车站应配合相关部门人员与当事人协商处理。乘客受伤事件处置流程如图 2-3 所示。

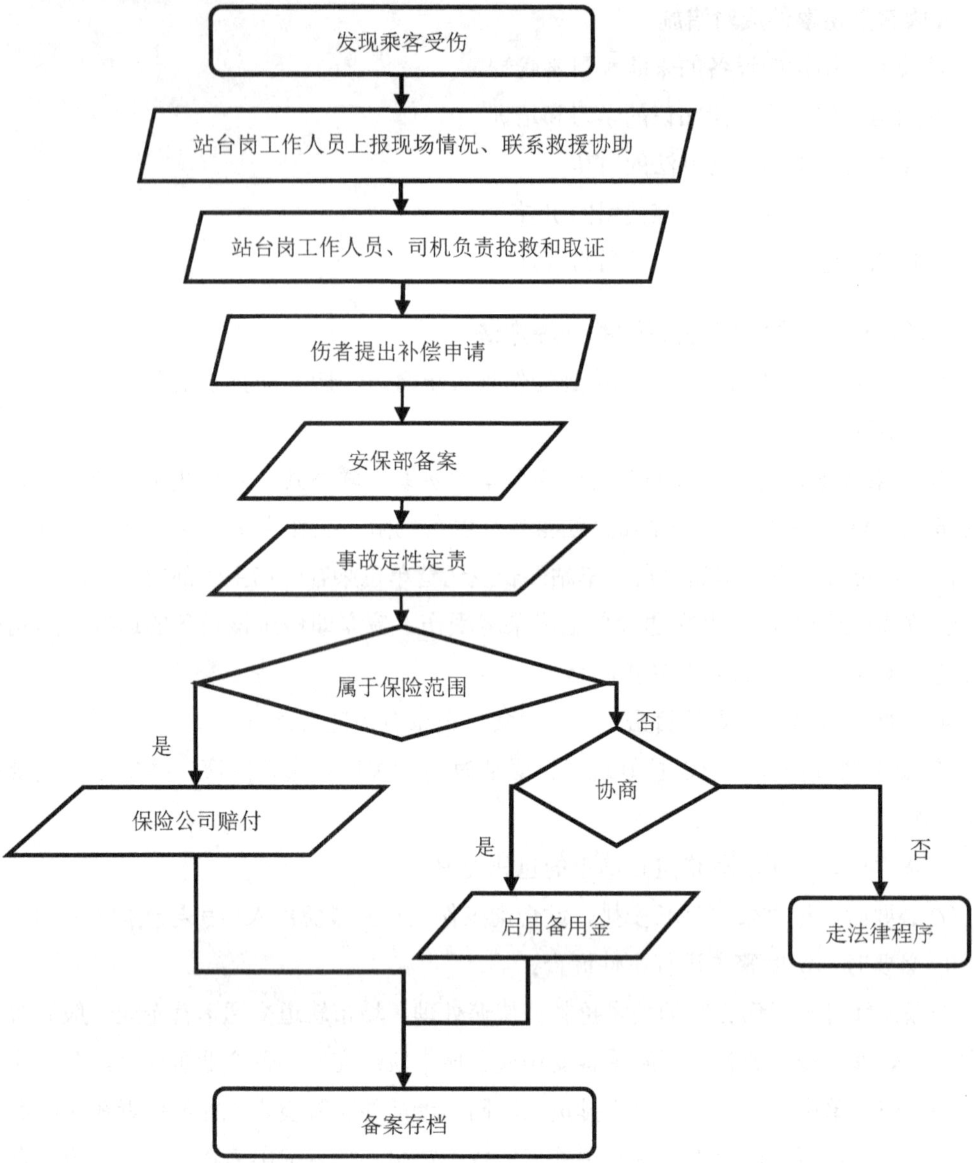

图 2-3　乘客受伤事件处置流程

三、导图精学

乘客受伤事件的知识框架如图 2-4 所示。

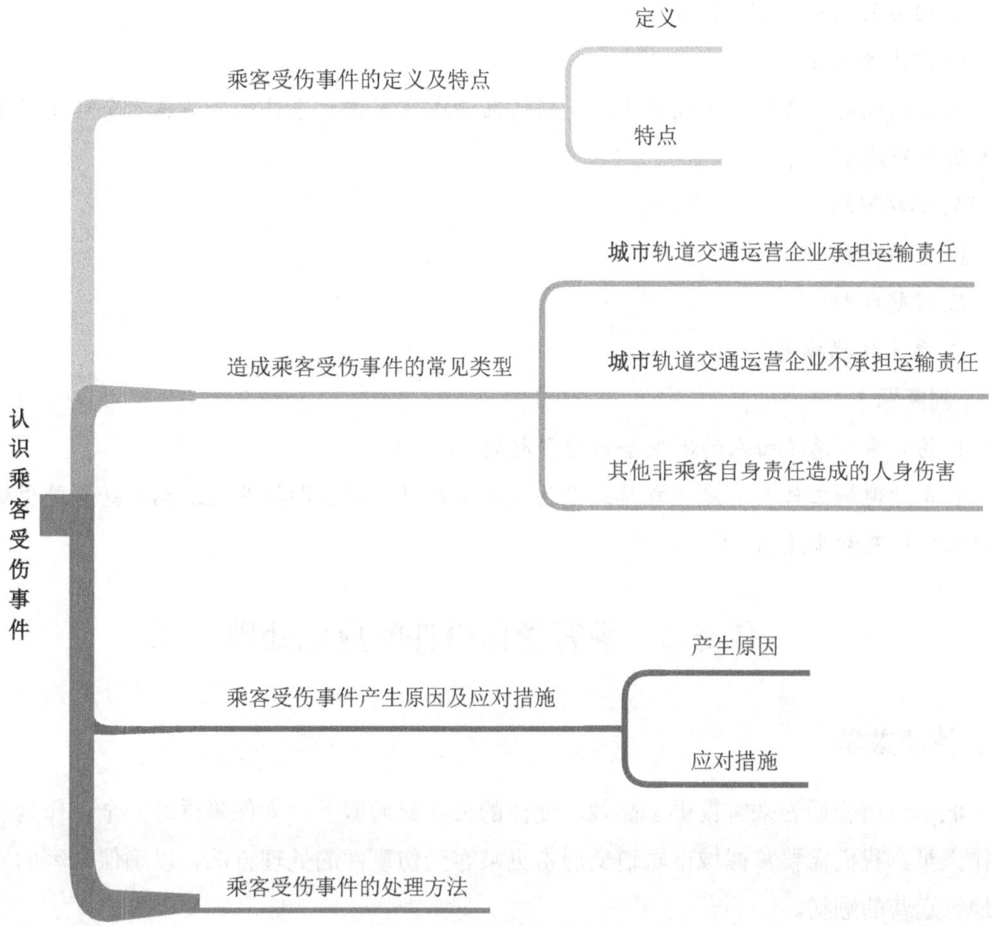

图 2-4 乘客受伤事件的知识框架

四、测验提学

【单选题】

1. 乘客受伤事件发生后，主要有哪些工作人员在现场完成事件的取证和调查？（ ）

A. 站台岗工作人员

B. 司机和值班员

C. 站台岗工作人员和司机

D. 站台岗工作人员和值班员

2. 在城市轨道交通运营时，属于运营企业需要积极应对的乘客受伤事件包括（ ）。

A. 持有当日当次乘坐地铁的有效凭证的

B. 从验票进站始至验票出计费区验票闸机外

C. 由运营企业管辖的附属设施

D. 以上都属于

3. 按照规定，乘客乘车过程中，下列情况造成乘客伤亡事件的，不属于全部由当事人本人负责的是（　）。

A. 攀爬围墙

B. 穿越闸机

C. 跨越栏杆

D. 乘坐扶梯摔倒

【判断题】

1. 伤亡事件总是由人的不安全行为引起的。（　）

2. 车站现场工作人员发现或接到受伤乘客求救时，应立即报告值班站长并赶赴现场了解乘客情况及初步原因。（　）

任务2　乘客受伤事件的应急处理

一、情境激学

城市轨道交通为乘客提供了高效、便捷的公共交通服务。为保障乘客安全，作为现场工作人员，我们需要掌握城市轨道交通常见乘客受伤事件的处理方法，以确保乘客的安全和地铁运营的顺畅。

通过学习乘客受伤事件的应急处理知识，我们将了解常见的乘客受伤事件类型和处理流程，包括区间路外伤亡事件、自动扶梯乘客受伤事件等；了解相应的安全注意事项，确保事件处理过程的安全性。

通过学习乘客受伤事件的应急处理知识，我们能够掌握判断乘客受伤事件的情况、采取相应措施以及保障乘客安全的能力。未来在面对乘客受伤事件时，我们能够迅速响应、准确处理，为城市轨道交通的运营安全保驾护航。

二、任务践学

任务活动1　区间路外伤亡事件的应急处理流程

区间路外伤亡事件是指乘客擅自进入未被车站工作人员组织的区间，或工作人员未经许可擅自进入区间执行任务时，发生列车撞轧外部人员或工作人员、与其他车辆或物体碰撞，导致人员伤亡的事件。区间路外伤亡事件应急处理的各岗位职责见表2-1。

表 2-1　区间路外伤亡事件应急处理时各岗位的岗位职责

岗位	岗位职责
站台岗工作人员	站台岗工作人员发现事件发生后，须立即按下事件发生线路的紧急停车按钮
	向值班站长报告站台发生轧人事件，并通知行车值班员按下车站控制室内的紧急停车按钮
	按调度命令进行事发列车的清客工作
	清客完毕后，向司机显示“一切妥当”信号
	设置防护带，稳定乘客情绪，引导乘客出站，查找目击证人
	通知紧急出口人员准备迎接救护人员，并告知其伤员安置的位置，向救护人员的主管讲述当时的情况，立即将伤员交给救护人员处理，并引领救护人员将伤员从紧急出口撤离车站
行车值班员	行车值班员启动车站控制室内相应的紧急停车按钮
	向行车调度员报告以下事项：申请分断牵引电流，并请求紧急支援（公安、消防、急救）
	按照行车调度员的指令，在需要的时候启动自动售检票系统（AFC）降级模式
	与行车调度员联系，通知各岗位恢复正常运营
	通过广播、乘客信息显示屏（PIS）向乘客发布服务延误信息，建议乘客换乘其他交通工具
	接到行车调度员通知接触网已经停电的命令后，立即通知值班站长
	搜索到被撞人员后，若伤员并非被压在车轮下，可以移动伤员
	发现伤员后，用粉笔做好人员在落轨位置的标记，将伤者移离轨道
	有急救证的员工给伤者进行初期的伤势处理，并通知其家属
值班站长	通过手持台通知车站员工有关事件，将手持台调至相应频道
	接到调度中心（OCC）的指示后，值班站长担任现场指挥，指挥事件处理，启动应急预案，设置事件控制点，直到事件处理主任到达为止
	密切监视现场情况，做好与行车调度员的联系工作和对上级的汇报工作
	确认现场情况，通知站务人员启动客流控制方案
	从事件列车司机处收取列车钥匙
	获得行车调度员授权后，立即穿戴好安全防护服，前往事发地点
	接管现场，向司机和站台人员询问事件详情
	通过手持台通知车站员工将手持台调回车站频道，通知车站工作人员恢复车站正常运营

任务活动 2　自动扶梯乘客受伤事件的应急处理流程

自动扶梯乘客受伤事件的发生频率高且危害程度大，主要是因为乘客在乘坐自动扶梯时缺乏安全意识，未站稳扶好、未紧握扶手带、倚靠扶梯护壁板、携带大件行李等原因造成的。为了预防和减少自动扶梯乘客受伤事件的发生，可以采取以下防护措施：

第一，严格按照自动扶梯检维修规程，做好自动扶梯的日常维护保养工作。一旦发现异常情况，应立即采取紧急停止运行的措施，并防止其他乘客再次使用该扶梯。

第二，在自动扶梯入口端粘贴安全警示标志，同时加装专项提醒广播设施，加大安全宣传力度。通过这些措施提醒乘客在乘梯时要站稳扶好，紧握扶手带，不要倚靠扶梯，并特别关注身边的老人和小孩的安全。

第三，在客流高峰时段或长大扶梯上，安排专人加强对上行方向扶梯乘客的引导工作。提醒老、弱、病、残、幼以及携带大件行李、手推婴儿车等特殊乘客改乘垂直电梯，以确保他们的安全。

如果发生自动扶梯乘客受伤事件，其具体处理流程见图 2-5。

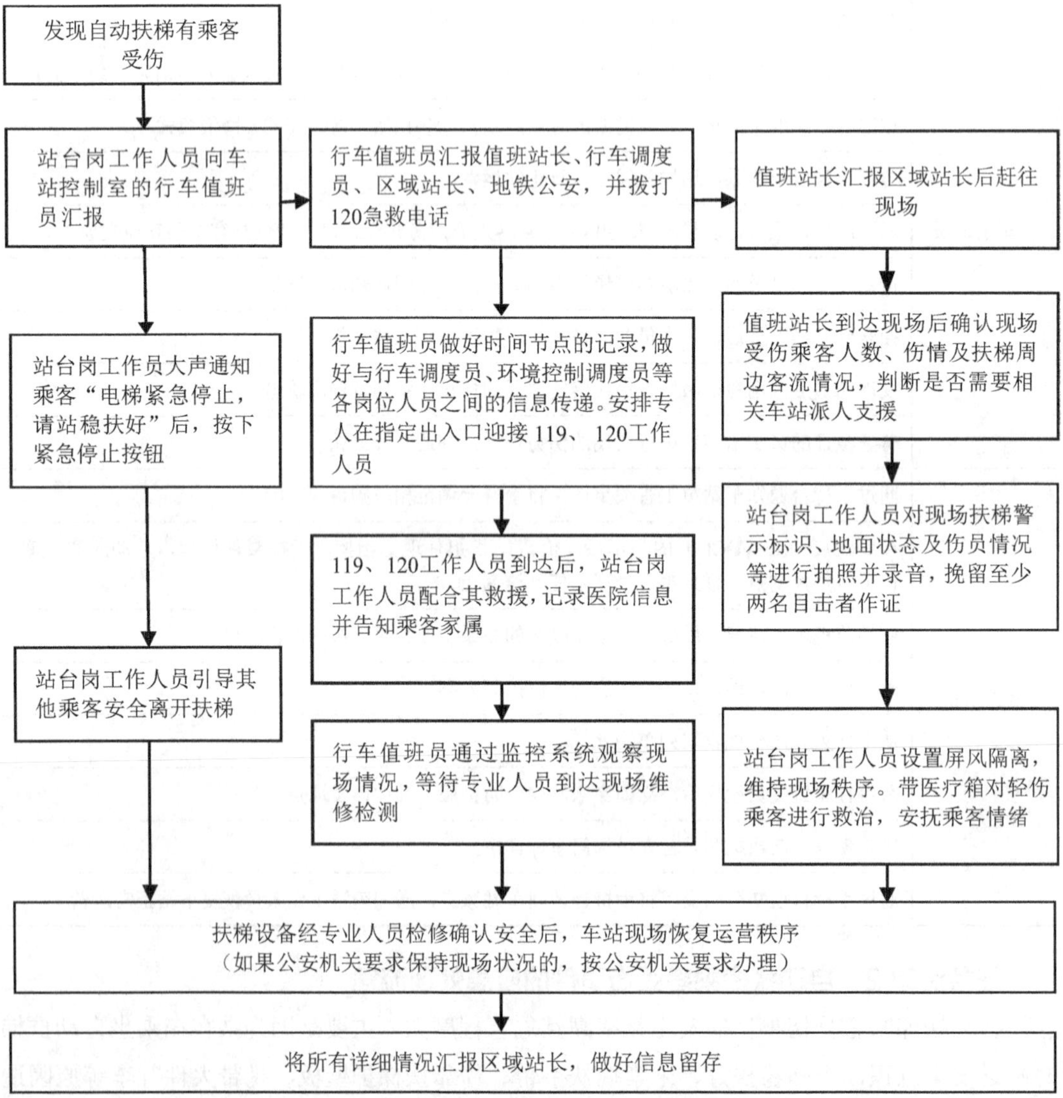

图 2-5　自动扶梯乘客受伤事件的应急处理流程

在城市轨道交通车站发生自动扶梯乘客受伤事件时，需要站台岗工作人员、行车值班员、值班站长等岗位联合作业，完成事件的现场处理工作，每个岗位的岗位职责见表 2-2 所示。

表 2-2 自动扶梯乘客受伤事件的应急处理时各岗位的岗位职责

岗位	岗位职责
站台岗工作人员	现场发现或接收到自动扶梯发生人员伤亡事件的信息后，立即到现场处理
	大声通知乘客“电梯紧急停止，请站稳扶好”后，按下紧急停止按钮，引导其他乘客安全离开扶梯
	将现场情况报告给车站控制室
	挽留至少两名目击者作证
	将目击证人移交给客运值班员
	听从值班站长指挥，协助安抚伤员
行车值班员	通知值班站长、客运值班员到现场处理，安排人员到现场维持秩序，封锁现场
	报告中心站长、轨道交通公安、120 急救中心、行车调度员、部门负责人
	安排人员暂停自动扶梯的使用，并做好防护工作，未得到事件处理负责人的允许，严禁任何人动用该扶梯
	安排站台岗工作人员到车站出入口接应 120 工作人员，记录 120 工作人员到达车站的时间和离开车站的时间
	记录好整个事件的处理经过
值班站长	担任事件处理主任，赶往现场，初步确认现场受伤乘客人数、伤情及扶梯周边客流情况，判断是否需要相关车站派人支援，确认需要支援的地点、人数及工作内容，确保支援人员及时到位
	做好现场取证工作
	转移受伤乘客到扶梯旁边的空地，安排人员对受伤乘客进行安抚和初步救治
	如果受伤人员较多，对于伤势轻微者，在征询乘客意见后将其转移到车站会议室，做好乘客的安抚工作；对于伤势较重者，就地进行关心和询问，安慰其耐心等待 120 工作人员的救助，并根据现场情况进行围蔽，但要保持必要的通风
	如果受伤乘客已经昏迷，安排人员将其转移到客流量较少的出入口通道内
	如果受伤乘客的身体部位被扶梯卡住而无法移出，确认受伤部位和乘客状况，立即拨打 119、120
	密切留意现场是否有乘客用手机拍照或打电话的情况，如果发现有异常情况，及时安排人员上前表示关心和慰问
	现场伤者转移完毕，扶梯设备经维修人员检修并确认安全后，车站现场恢复运营秩序（如果公安机关要求保持现场状况，按公安机关要求办理）

三、策略深学

乘客受伤事件的应急处理应遵循以下原则：

① 车站现场工作人员在处理乘客受伤事件时，要以维护城市轨道交通运营企业形象、保护公司最大利益为原则，以人为本，给予乘客必要的帮助。

② 车站现场工作人员在处理乘客受伤事件时，要在第一时间取证，尽可能得到当事人及旁证签字确认，以事实为依据，客观记录，充分留下原始资料。原始资料可参照表2-3、表2-4、表2-5填写当事人、工作人员、目击证人的事件经过记录表并存档。

③ 及时将事件的处理结果报告给相关部门，以备后续处理。

表 2-3　事件经过记录表（当事人）

事发时间：　　年　　月　　日 事发地点： 当事人姓名：　　　　性别：　　　　年龄： 身份证号码： 联系电话： 家庭地址： 事件经过记录方式：自写（　）口述授权（　）他人代写（　） 事件经过记录：   签名：（手印）保安部

表 2-4　事件经过记录表（工作人员）

事发时间：　　年　　月　　日 事发地点： 工作人员姓名：　　　　当班岗位： 事发经过记录：   签名：（手印）保安部

表 2-5 事件经过记录表（目击证人）

事发时间：　　　年　　　月　　　日
事发地点：
目击证人姓名：　　　　　　　　性别：　　　　　　年龄：
身份证号码：
联系电话：
家庭地址：
事件经过记录方式：自写（　）口述授权（　）他人代写（　）
事发经过记录：

签名：（手印）保安部

四、测验提学

【单选题】

1. 自动扶梯运行时，一旦发现有异常声音或震动时，应立即（　），停止自动扶梯运行，并通知专业人员检修。

A. 报告

B. 按下紧急停止按钮

C. 通知乘梯乘客离开电梯后关梯

D. 查找异常声音或震动的原因

2. 城市轨道交通车站工作人员在处理乘客受伤事件时，要遵循的原则包括（　）。

A. 维护城市轨道交通运营企业形象

B. 保护公司最大利益

C. 以人为本，给予乘客必要的帮助

D. 以上都是

3. 在处理乘客受伤事件过程中，不属于行车值班员工作职责的是（　）。

A. 联系地铁公安

B. 监控现场情况

C. 联系值班站长

D. 现场取证

【判断题】

1. 在城市轨道交通范围内发生的非在岗作业的轨道交通员工人身伤害和伤亡事件不算乘客受伤事件。( )

2. 城市轨道交通运营过程中发生的乘客受伤事件，城市轨道交通运营单位应当依法承担相应的损害赔偿责任，能够证明伤亡人员故意或者自身健康原因造成的也不得除外。( )

3. 在现场总指挥到达之前，若事件发生在站外区间由司机负责。( )

4. 在现场总指挥到达之前，若事件发生在车站由司机负责。( )

任务3　乘客受伤事件应急处理的模拟实训

在城市轨道交通系统中，很多车站和线路都设置在地下或高架。为了方便乘客乘车，在出入口、站厅与站台之间都设置了自动扶梯。在乘客受伤事件中，自动扶梯乘客受伤事件频频发生，排在乘客受伤事件的首位。无数自动扶梯乘客受伤事件告诫我们，加强城市轨道交通工作人员的安全培训与做好乘客搭乘自动扶梯的安全教育的双重保障，能够减少事件的发生，降低事件对乘客生命安全的影响。

根据本项目内容，以小组为单位开展自动扶梯乘客受伤事件应急处理的模拟实训，实训的目标是熟悉和掌握自动扶梯乘客受伤事件的应急处理流程，提高应对突发事件的能力。实训的内容包括：模拟自动扶梯乘客受伤事件的情况、演练应急处理流程，包括与乘客进行沟通、稳定乘客情绪、与医疗急救等外部部门联络等。

一、任务分工

1. 以小组为单位开展现场实训演练。

2. 演练过程中，演练活动的考核主要围绕如表2-6所示的评价表中的要点进行。

演练角色设置：建议每小组学员6人左右。每个小组设置1名观察兼监督员，负责记录学员演练情况，设置两名乘客配合演练。被考查人员包括：站台岗工作人员、行车值班员、值班站长各1名。

教师负责演练实施过程的指挥控制，提醒学员按照流程演练，并对每位学员的演练过程进行评估；实训学员扮演不同的角色，完成现场演练要求的各项任务、相互监督、相互提出改进意见。

二、工具准备

急救箱（包括棉签、消毒水、医用纱布、绷带、创可贴、止痛药等）、担架、相机、隔离带、警戒绳、扎带、暂停使用牌、乘客受伤事件调查记录表、乘客证词记录纸、笔等。

三、方案 / 程序实施

乘客受伤事件处理的模拟实训将以自动扶梯乘客受伤为例，可依据图 2-5 的流程完成。

四、模拟检查

在任务的模拟演练过程中，依据表 2-6 完成自动扶梯乘客受伤事件的应急处理模拟实训的过程评价。

表 2-6　自动扶梯乘客受伤事件的应急处理模拟实训的过程评价表

实训任务	自动扶梯乘客受伤事件应急处理		
任务说明	自动扶梯乘客受伤事件处理措施，汇报信息，各岗位职责，事件调查		
班级		姓名	
学习小组		考核时间	
考核目标			
1. 能根据乘客受伤程度采取相应的救护措施。 2. 能按正确流程对自动扶梯乘客受伤事件进行应急处理。 3. 清楚各个岗位工作人员的职责及处理程序。 4. 能根据各种细节随机应变、妥善处理。 5. 具备良好的服务意识，能在应急处理过程中保持良好的服务态度。 6. 能填写事件调查表，能做事件调查报告，能提出预防改进措施。 7. 能对情境模拟进行自评与总结，不断完善自己			
考核内容			

考核项目	考核细则	分值	得分
站台岗工作人员职责	现场发现或接收到自动扶梯发生人员伤亡事件的信息后，立即到现场处理	3	
	大声通知乘客“电梯紧急停止，请站稳扶好”后，按下紧急停止按钮，引导其他乘客安全离开扶梯	3	
	将现场情况报告给车站控制室	3	
	挽留至少两名目击者作证	4	
	将目击证人移交给客运值班员	3	
	听从值班站长指挥，协助安抚伤员	3	

（续表）

行车值班员职责	通知值班站长、客运值班员到现场处理，安排人员到现场维持秩序，封锁现场	3	
	报告中心站长、轨道交通公安、120 急救中心、行车调度员、部门负责人	5	
	安排人员暂停自动扶梯的使用，并做好防护工作，未得到事件处理负责人的允许，严禁任何人动用该扶梯	6	
行车值班员职责	安排站台岗工作人员到车站出入口接应 120 工作人员，记录 120 工作人员到达车站的时间和离开车站的时间	5	
	记录好整个事件的处理经过	6	
值班站长职责	担任事件处理主任，赶往现场，初步确认现场受伤乘客人数、伤情及扶梯周边客流情况，判断是否需要相关车站派人支援，确认需要支援的地点、人数及工作内容，确保支援人员及时到位	5	
	做好现场取证工作	5	
	转移受伤乘客到扶梯旁边的空地，安排人员对受伤乘客进行安抚和初步救治	5	
	如果受伤人员较多，对于伤势轻微的，在征询乘客意见后将其转移到车站会议室，做好乘客的安抚工作；对于伤势较重者，就地进行关心和询问，安慰其耐心等待 120 的救助，并根据现场情况进行围蔽，但要保持必要的通风	5	
	如果受伤乘客已经昏迷，安排人员将其转移到客流量较少的出入口通道内	4	
	如果受伤乘客的身体部位被扶梯卡住而无法移动，确认受伤部位和乘客状况，立即拨打 119、120	5	
	密切留意现场是否有乘客用手机拍照或打电话的情况，如发现有异常情况，及时安排人员上前表示关心和慰问	5	
	现场伤者转移完毕，扶梯设备经维修人员检修并确认安全后，车站现场恢复运营秩序（如公安机关要求保持现场状况，按公安机关要求办理）	4	
总评成绩			

任务完成人签字：

日期：　　年　月　日

指导教师签字：

日期：　　年　月　日

五、评价

在完成模拟实训后，依据表 2-7 完成乘客受伤事件应急处理模拟实训的总结评价。

表 2-7　乘客受伤事件应急处理模拟实训总结评价表

模拟实训：自动扶梯乘客受伤事件应急处理				
考核内容			分值	考核得分
1. 实训方案的准备情况			30	
2. 实训过程考核			40	
3. 对实训遇到问题的解决情况			20	
4. 课堂表现及职业素养			10	
总体评价				
教师评价	小组评价（组间、组内互评）	个人自评	学生姓名	
			分数	

阅读拓学

这个飞扑的身影真棒！

——宁波“小马哥”5 秒救下电梯遇险男童

一名不到两岁的孩童独自踉踉跄跄地朝逆行的自动扶梯走去，他踏上了扶梯踏板，眼看就要摔倒，一个蓝色身影飞速冲过来，抱起孩子迅速后退……

这惊险的一幕发生在 8 月 15 日上午 10 时 33 分左右，宁波轨道交通地铁 1 号线宝幢站内。监控视频拍摄下了事发全过程，整个过程仅用时 5 秒。

这个蓝色身影，是宁波轨道交通地铁 1 号线新上岗的站务员马栋虎，宁波市职教中心学校机电技术应用专业的毕业生。

“当时出于本能反应，没有想太多，就冲出去了。”马栋虎说，“我看到小男孩时，他已经快站不稳了，情况紧急，来不及按急停按钮，我就本能地直接把他从自动扶梯上抱了下来，把他抱到家人身边了。”

事后得知，当时是小男孩的妈妈带着小男孩一起过闸机，可小男孩走得太快了，他进去后，闸机关闭了。小男孩摇摇晃晃直接朝自动扶梯走去，妈妈还未进站来不及去抱，惊慌失措地大喊起来，但小男孩没有反应，继续朝扶梯走去。这时安检人员也急了，但她也来不及进站，眼看着小男孩已经踏上了扶梯踏板，身体摇晃不断向前倾倒，即将摔倒在扶梯上……如果没有飞速赶来的“小马哥”，后果不堪设想。

（摘自“中国宁波新闻网”）

项目小结

请依据本项目的学习与实践，填写表 2-8，完成本项目的总结提升。

表 2-8　项目小结

教学提纲		主要内容简述
一级	二级	
乘客受伤事件的基础知识	概述	
	类型	
	原因及应对措施	
	处理方法	
乘客受伤事件应对措施	区间路外伤亡事件的应急处理措施	
	自动扶梯乘客受伤事件的应急处理流程	
	乘客受伤事件的应急处理原则	
乘客受伤事件应急处理原则	保障行车计划	
	保障乘客安全	

评价量规

请结合本项目各任务的学习和实践情况，完成项目的总体评价，并将评价结果填写在表 2-9 中。

表 2-9　评价量规

课程名称：					所属专业：						
姓名：			学号：		班级：			组别：			
填表人：						填表日期：					
评价指标（总分 100 分）		权重	等级说明					评价主体			
一级指标	二级指标		优秀（100 ～ 90 分）	良好（90 ～ 80 分）	中等（80 ～ 70 分）	合格（70 ～ 60 分）	不合格（60 ～ 0 分）	学生自评	组内互评	组间互评	教师总评
专业能力 40%	正确度	0.2									
	规范度	0.2									
学习能力 20%	参与度	0.1									
	合作度	0.1									
职业素养 20%	责任度	0.1									
	坚韧度	0.1									

（续表）

工匠素养 20%	精益度	0.1									
	善为度	0.1									
总计：											

注：

1. 该表的满分为 100 分。
2. 每项平均分标准按优秀、良好、中等、合格、不合格五个等级评分。
3. 每个指标小计得分 =［学生自评 ×30%+（组内互评 + 组间互评）÷2×30%+ 教师总评 ×40%］× 权重。
4. 各项指标小计得分总和即为该学生总得分。
5. 本量规表适用于学生自评、组内互评、组间互评和教师总评

项目3
车站大客流的应急处理

案例导学

2023年7月7日，深圳市地铁全网（含有轨电车）总客运量达933.73万人次，首次突破900万客流大关，创下单日历史最高客流纪录，地铁客流强度重返全国第一。

据悉，自2023年6月末以来，深圳地铁客流量再度迎来攀升，6月26日至6月30日全网工作日日均客运量达到803.49万人次，7月3日至7月7日上升至867.40万人次。7月7日，深圳市地铁客运量达到933.73万人次，为当年第五次刷新历史客流纪录，并成为继北京、上海、广州之后，国内第四个超过900万客流量级的城市，当日全网客流强度达到1.70万人次/千米，位列全国第一。

深铁集团负责人介绍，暑假来临后，市民出行意愿不断增强，客流总体以市域中短途出行为主，外出游玩、探亲等客流持续增加，线网客运量进入高峰期。7月7日，受大运中心举办大型演唱会影响，当日出行客流更加活跃，多类客流与通勤客流叠加后，使全网客运量迎来新一轮出行高峰。

为进一步满足乘客暑期出行需求，深铁集团已提前做好客流预测与应急预案，加大对重点地区、重点时段和热门方向运力的投放，加强重点车站的人员值守和物资储备，持续关注周边商超、景点活动信息，根据现场实际情况采取客流管控措施，视情况组织备用列车上线运行，确保乘客快速进站通行。

深铁集团将持续做好运营安全保障，为乘客出行提供全方位服务，创造安全、舒畅的出行环境。

学习目标

1. 知识目标

① 了解大客流的概念及形成原因，能够分析大客流的类型和特点。

② 掌握大客流应急处理的原则和处理步骤，包括应急响应和救援行动。

③ 掌握大客流应急处理的汇报用语，能够准确、清晰地向相关部门汇报情况。

2. 能力目标

① 通过情景分析，准确判断大客流类型，找到形成原因。

② 通过角色扮演，掌握突发性和预见性大客流应急处理步骤。

3. 素养目标

① 提高预防大客流的意识。

② 通过岗位职责体验，增强责任意识。

项目框架

车站大客流的应急处理项目共分为 5 个任务，如图 3-1 所示。

图 3-1　项目框架图

任务 1　认识车站大客流

一、情境激学

城市轨道交通线路连接着重要的客流集散点，如铁路车站、汽车客运站、航空港、航运港等交通枢纽，大型商业经济活动中心、体育场、博览会、大剧院等重要文体活动中心，以及规模较大的住宅区等。因此，在某些大型换乘车站、大型节假日、通勤高峰时段等情况下，常会产生大客流。作为一名站务人员，为了保证乘客的安全和正常的运营秩序，我们需要能够判断大客流的成因，并准确组织乘客疏散，以确保乘客的安全和地铁运营的顺畅。你是否清楚如何判断车站大客流的成因呢？如何分析车站大客流的危害程度及影响大小呢？

通过学习车站大客流的基础知识，我们将了解车站大客流的定义和成因；掌握车站大客流的处理方法，具备判断车站客流情况的能力，并为采取相应处理措施做好准备。

我们未来在面对车站大客流的情况时，应该能够迅速响应，准确处理大客流，并能全面提高客运管理工作的综合能力。

二、知识链学

认识车站大客流要完成 3 个领域知识的学习，如图 3-2 所示。

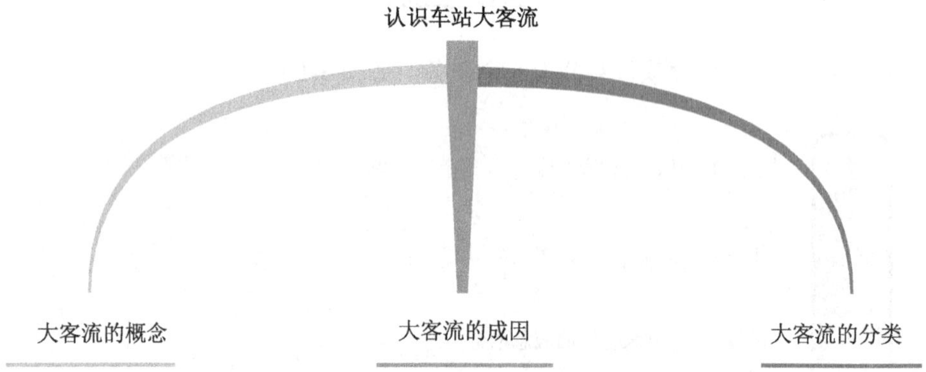

图 3-2　知识链学框架图

领域知识 1　大客流的概念

大客流是指因车站某一时段客流量激增，集中到达车站的客流量超过车站正常客运设施、组织措施所能承担的客流量，并有客流量继续增长趋势的情况。

大客流表现为客流非常拥挤或极度拥挤、乘客流动速度明显减缓、客流交叉干扰严重等。大客流会对乘客的出行造成不利影响，对运营安全构成较大威胁。

因此，预见大客流并及时合理编制客流组织方案，对轨道交通车站实施客流组织具有重要意义。通常情况下，大客流的出现具有规律性且通常情况下可以预见。例如，大城市由于通勤原因引起的每天早晚高峰时段的大客流，包括上班高峰一般在上午 7：30 至 9：30，下班高峰一般在下午 4：30 至 6：30。由于外界因素引起的大客流，例如，节假日的客流高峰期、举办重大活动（大型体育赛事、文艺表演等）形成的客流，风、雨、雪等恶劣天气情况引起的客流大幅增加等。但在轨道交通日常运营过程中，也常碰到不可预见、因突发性事件而形成的大客流。

领域知识 2 大客流的成因

① 直接成因：大客流的直接成因源于我国庞大的人口基数，以及人们出行需求的绝对增长。

② 根本原因：大客流产生的根本原因是交通运输基础设施的发展滞后，导致运输能力相对不足。

③ 推动因素：我国的民俗文化、休假制度等对超大客流的产生也起到了推动作用。

领域知识 3 大客流的分类

1. 根据大客流产生的原因分类

大客流产生的原因有的可以预见，有的不可预见，具体分类如图 3-3 所示。

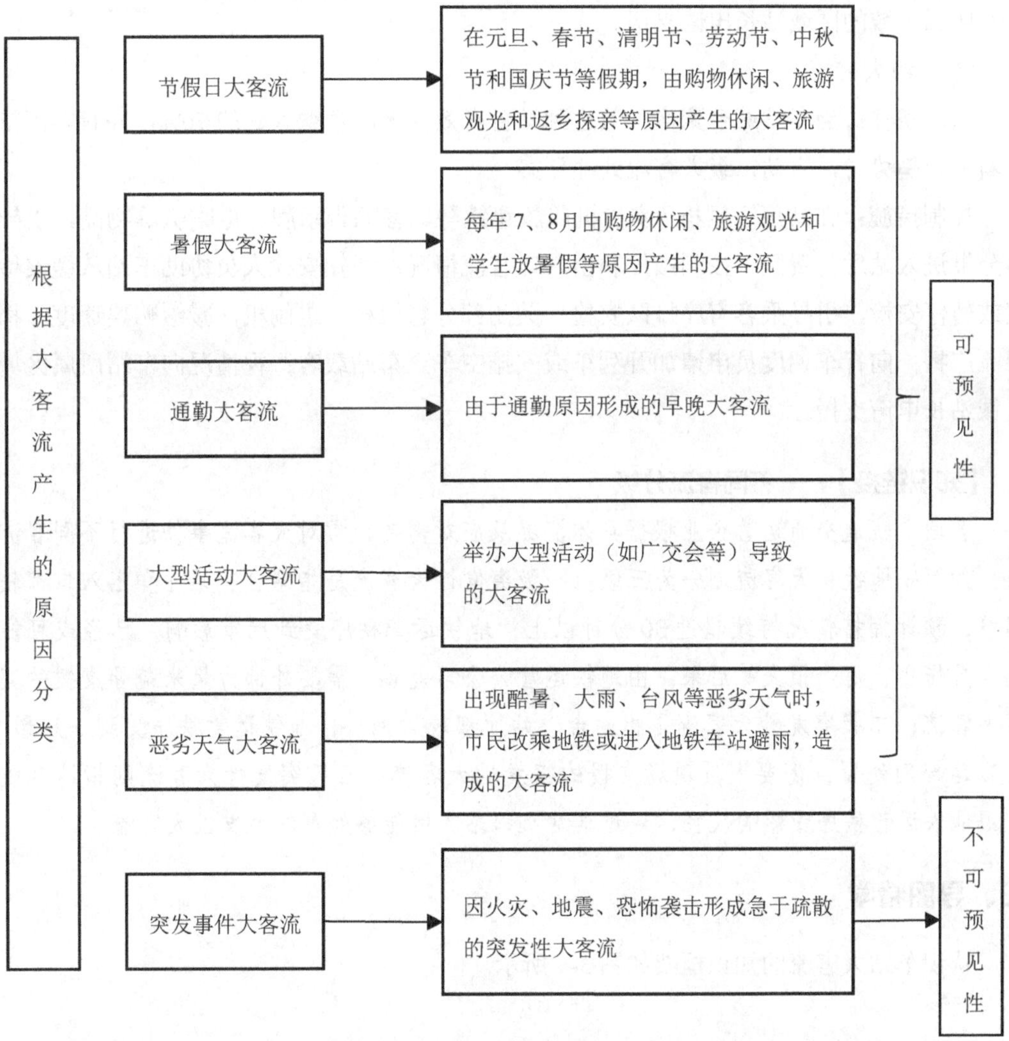
根据大客流产生的原因分类
节假日大客流
在元旦、春节、清明节、劳动节、中秋节和国庆节等假期，由购物休闲、旅游观光和返乡探亲等原因产生的大客流
暑假大客流
每年 7、8月由购物休闲、旅游观光和学生放暑假等原因产生的大客流
通勤大客流
由于通勤原因形成的早晚大客流
大型活动大客流
举办大型活动（如广交会等）导致的大客流
恶劣天气大客流
出现酷暑、大雨、台风等恶劣天气时，市民改乘地铁或进入地铁车站避雨，造成的大客流
可预见性
突发事件大客流
因火灾、地震、恐怖袭击形成急于疏散的突发性大客流
不可预见性

图 3-3 根据大客流产生的原因分类

2. 根据大客流可能造成的危害程度、影响大小等情况分类

根据大客流可能造成的危害程度、影响大小等情况，可分为一级大客流和二级大客流。

① 一级大客流。

启动条件：当车站站台聚集人数达到或大于站台有效区域能容纳人数的 80%，并且持续时间大于实际行车时间间隔时，启动一级大客流处理预案。

控制措施：安排各岗位及支援人员在相应出入口引导乘客只出不进或开展限流工作，必要时通知行车值班员向行车调度员申请关站；通知安检人员协助车站放缓安检速度或暂停安检，引导乘客有序排队安检；播放限流广播；向行车调度员申请加开列车或安排空车至车站载客；通知公安人员至各出入口维持进站秩序；在站厅准备充足的预制单程票；向车站所属区域的区域站长申请支援。

② 二级大客流。

启动条件：当车站站台聚集人数达到站台有效区域能容纳人数的 70%，并有客流持续不断上升趋势时，启动二级大客流处理预案。

控制措施：在站厅进闸机 / 安检机前放置铁马、移动告示牌、电喇叭等物品，引导乘客分批进入站厅付费区，控制站厅和出入口客流情况；通知安检人员协助车站放缓安检速度或暂停安检，引导乘客有序排队安检：关闭部分售票机、进闸机，减缓购票速度；播放限流广播；向行车调度员申请加开列车或安排空车至车站载客；视情况向车站所属区域的区域站长申请支援。

【知识链接】——不同客流分级

各城市轨道交通运营企业根据具体情况及应对需要，常对大客流事件进行不同客流分级，如西安地铁将大客流划分为三级：一级突发性大客流是指站台、站厅和出入口都较为拥挤，预计拥挤情况持续超过 30 分钟以上，地铁运营秩序受到严重影响，已经或可能造成人员伤亡、财产损失等后果，由地铁运营分公司处置，需要外部力量来疏导支援的突发性大客流；二级突发性大客流是指站台、站厅都较为拥挤，地铁运营秩序受到一定影响，由客运部门处置，需要人员现场支援的突发性大客流；三级突发性大客流则指站台较拥挤，地铁运营秩序受影响较轻，通过车站及邻站支援能够处置的突发性大客流。

三、导图精学

认识车站大客流的知识框架如图 3-4 所示。

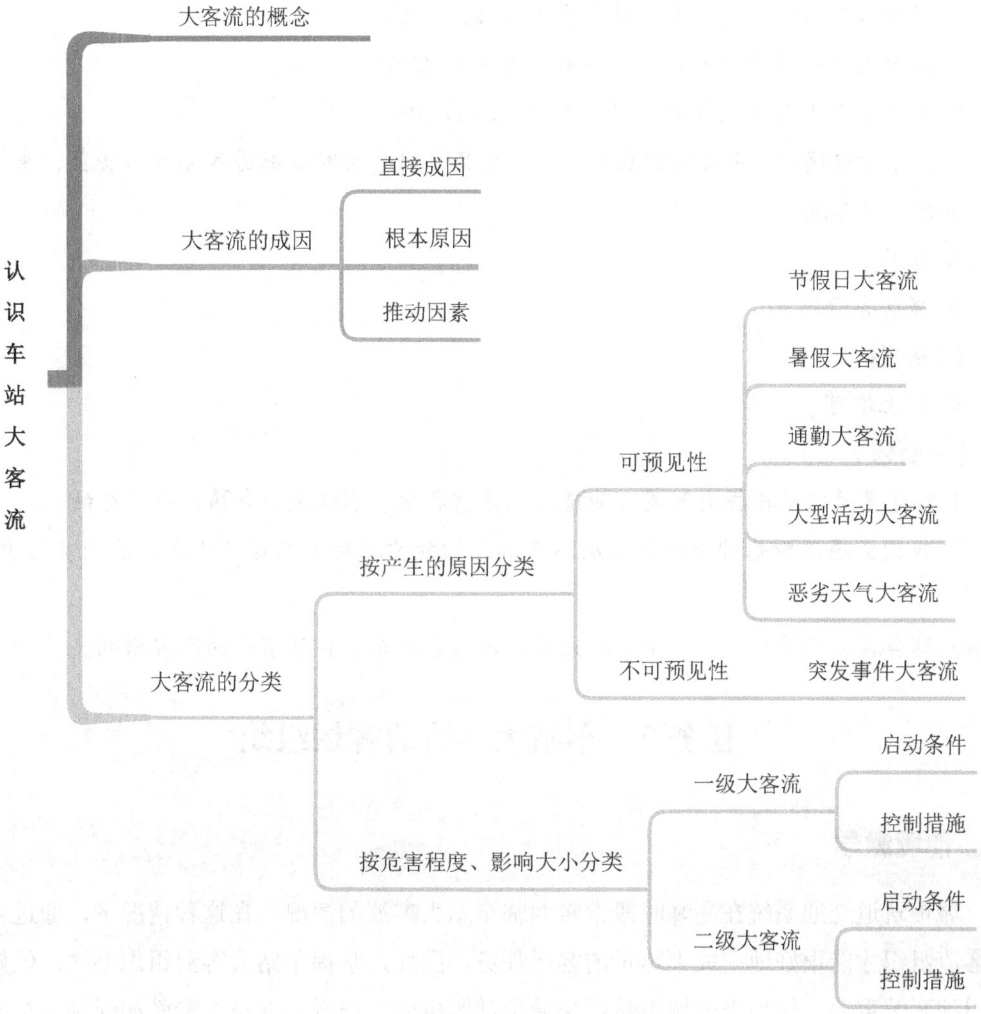

图 3-4 认识车站大客流的知识框架

四、测验提学

【单选题】

1. 以下哪种类型不属于可预见性大客流？（ ）

A. 突发事件大客流

B. 节假日大客流

C. 通勤大客流

D. 恶劣天气大客流

2. 以下哪个选项是一级大客流应急启动条件？（ ）

A. 站台聚集人数达到或大于站台有效区域的 60%

B. 站台聚集人数达到或大于站台有效区域的 70%

C. 站台聚集人数达到或大于站台有效区域的 80%

D. 站台聚集人数达到或大于站台有效区域的 90%

3. 在站厅进闸机 / 安检机前放置（　）物品，引导乘客分批进入站厅付费区，来控制站厅和出入口客流。

A. 铁马

B. 移动告示牌

C. 电喇叭

D. 以上均可

【判断题】

1. 客流量等级是根据大客流可能造成的危害程度、影响大小等情况来划分的。（　）

2. 我国交通运输基础设施的发展滞后和运输能力相对不足是产生大客流的直接原因。（　）

3. 站台客流拥挤时，先让坐车的乘客进入站台上车，再让下车的乘客出站。（　）

任务 2　车站大客流的客运组织

一、情境激学

城市轨道交通系统在高峰时段常常面临车站大客流的情况。在这种情况下，通过合理的客流组织才能很好地完成大运量的客运任务。因此，掌握车站大客流组织办法，做好客流组织至关重要。作为未来城市轨道交通车站服务的工作者，你是否清楚如何制定车站大客流的客运组织方案呢？如何根据实际情况调整客运组织措施，提高乘客的满意度和地铁运营的效率呢？

通过学习对车站大客流的客运组织方案制定和实施的相关知识，我们将学会通过合理布置客运有关设备设施，对客流采取有效的分流或引导措施来组织客流运送的过程；了解如何根据实际情况调整客运组织方式，确保乘客的安全和舒适出行。

未来，你将能够根据实际情况制定和实施有效的车站大客流客运组织方案，保证客流运送的安全，保持客流运送的畅通，科学有效地应对大客流。

二、知识链学

车站大客流的客运组织要完成 4 个领域知识的学习，如图 3-5 所示。

图 3-5　知识链学框架图

领域知识 1　客运限流组织

1. 客运限流的概念

客运限流是指为了避免大客流对线路或路网造成过大压力，短期采取限制一定时间内进站上车或换乘通行的客流量的措施。主要目的是控制客流分布，降低运输压力与事故风险。

【知识链接】——客运限流原则

安全是车站客流控制的首要原则，客流组织要做到客流有序、秩序可控、疏散有力，要考虑局部和整体的联运关系，做到路网限流、区域联动、节点控制。

【知识链接】——客运限流作用

客运限流的主要作用包括防止大客流爆满、均衡客流分布，保障线路畅通，高效运营。

2. 客运限流启动条件

当线路车辆、信号等设备已经达到投入应用极限，但仍无法满足大客流需要时，只能通过限流来控制单位时间内的客流量。启动条件包括：运能运力与客流量不匹配，出现故障等突发事件，遇到特殊节假日、大型活动等情况。

3. 客运限流的组织措施

客运限流的组织措施主要包括以下几项：

① 关闭部分自动售票机和闸机——减缓乘客从车站非付费区进入到付费区的速度，以缓解站台的压力。

② 减缓进站速度——包括站内通道、站厅、站外设置迂回栏杆，减缓乘客进入站厅以及非付费区的移动速度。

③ 分批放入——为了避免大量乘客一次性涌入车站，影响车站的正常运行，车站采用分批放入的方式进行限流，单次放若干名乘客进站，并拦住后续乘客，待列车送走部分乘客后再次放若干名乘客进站。

④ 出入口单向使用——车站部分出入口只出不进，部分出入口只进不出，用来减少大客流情况下客流流向的对冲，减少拥挤冲撞事故的发生概率，加快客流流动的速度。

⑤ 封闭出入口——在大客流超出控制的极端情况下，为了保证乘客的安全可能会实行车站所有出入口关闭，只出不进，从而控制候车乘客数量。

⑥ 换乘限流——为遵循路网限流、区域联动的原则，某些线路上不仅要实行本站以及邻站的限流措施，还需要在换乘站采取限流措施，控制换乘站线路上的乘客大量涌入本线路。

⑦ 邻站或区段限流——为了均衡线路各车站的客流，防止车厢过早满载，让后续车站的乘客也可以有序乘车，同条运营线路可采用相邻车站或行车区段限流措施。

领域知识 2　客运清客组织

1. 客运清客的概念

当正常载客运行的列车不能继续执行运营任务时，根据调度统一指挥将车内乘客全部请下车至车站站台的措施，称为客运清客。

客运清客类型分为常规清客和非常规清客两种情况。常规清客指的是地铁列车运行至终点站、需要进行折返或按照时刻表计划退出服务时，乘客必须下车的情况。非常规清客指的是列车运行中途，由于设备故障或发生紧急事件时，列车无法继续运行而需要进行的应急清客。

2. 客运清客的启动条件

清客的启动条件包括列车设备故障、其他设备故障（如接触网故障、道岔故障等）、车厢内发生紧急事件等。

【知识链接】——客运清客相关规定

列车发生故障不能继续维持运营时，须清客后退出服务。列车担任救援列车时，原则上在故障点前一车站组织清客。列车在车站清客时，行车调度员通知车站和司机执行清客命令。列车在行车区间清客时，行车调度员除通知车站和司机执行清客命令外，还需进行以下处理：扣停开往疏散区域的后续列车；设备故障情况下的乘客疏散应通知邻线运行的司机加强瞭望，注意安全。

3. 客运清客的组织措施

客运清客组织中的各岗位职责见表 3-1。

表 3-1 客运清客组织时各岗位的岗位职责

岗位	岗位职责
司机	接到控制中心列车区间清客命令后，打开车门，播放“列车清客广播”并组织乘客有序撤离
	清客完毕后检查列车情况，并报告控制中心
行车值班员	接到区间清客命令后，立即报告值班站长，并打开区间照明
值班站长	组织站台岗工作人员穿好荧光背心，带上手提广播、照明灯、对讲机等进入区间，引导乘客撤离
	安排站台岗工作人员在端门接应疏散乘客
	确认站台岗工作人员和乘客全部到达站台、线路出清后报告行车调度员
站台岗工作人员	穿好荧光背心，带上手提广播、照明灯、对讲机等进入区间，引导乘客撤离
	在端门接应疏散乘客
	引导乘客撤离后按原路返回车站
行车调度员	下达区间清客命令
	通知邻近车站到区间引导乘客疏散
	向本线、邻线各车站及在线运营司机发布信息
	采取措施防止其他运营列车进入事发区段，保证区间乘客要到达的车站站台、区段空闲
	采取隧道通风等环控措施，必要时切断牵引供电
	根据需要调整列车运行方案
	通知有关人员组织抢险救援，视情况通知车辆段调度员派出救援列车协助救援抢险

领域知识 3 客运疏散组织

1. 客运疏散的概念

在紧急情况下，利用一切通道和出入口迅速将乘客从危险区域全部转移到安全区域的方法，称为客运疏散。车站可能因火警、列车事故、炸弹恐吓、气体泄漏、水淹等多种原因需要进行紧急疏散。

2. 客运疏散的启动条件

客运疏散可以分为车站疏散和区间疏散。车站疏散是指当地铁车站发生突发大客流、爆炸、毒气等突发事件时，需要对车站里的乘客进行疏散；区间疏散是指当列车因突发事件在区间停车时，需组织乘客进行有序的区间疏散或逃生。

3. 客运疏散的组织措施

① 车站疏散需要司机、值班站长、行车值班员、站台岗工作人员、行车调度员等岗

位的联合作业，各岗位职责如表 3-2 所示。

表 3-2　车站疏散中各岗位的岗位职责

岗位	岗位职责
司机	如果疏散时列车停在站台，接到控制中心列车疏散命令后，打开车门，播放“列车疏散广播”
	如果列车在区间，列车通过本站不停车
	如果列车在前一站，扣停在前一站
值班站长	组织车站紧急疏散，与车站控制室及调度中心（OCC）联系，确认全站疏散完毕后报告车站控制室
行车值班员	播放应急广播，引导乘客疏散
	按压自动售检票系统（AFC）的紧急释放按钮，打开闸机，确认全站疏散后报告调度中心（OCC）
站台岗工作人员	设置防护，用对讲机、手持广播等疏散乘客
	打开边门，关闭与疏散相反方向的电梯
	关闭出入口，只出不进；在入口处张贴停止服务告示
	疏散完毕后报告值班站长和车站控制室
行车调度员	下达车站疏散命令
	设置列车越站或者扣停后续列车
	通知全线司机和车站
	根据情况调整行车方案
	事件处理完毕后下达恢复运营的命令

② 区间疏散需要司机、行车值班员、值班站长、站台岗工作人员、行车调度员等岗位的联合作业，各岗位职责如表 3-3 所示。

表 3-3　区间疏散中各岗位的岗位职责

岗位	岗位职责
司机	接控制中心疏散命令后广播安抚乘客
	打开疏散平台侧车门，播放“列车疏散广播”
	按行车调度员的命令前往指定的车站组织乘客有序撤离，疏散完毕后，报告控制中心
行车值班员	接到区间疏散命令后，立即报告值班站长并打开区间照明

（续表）

岗位	岗位职责
值班站长	组织站台岗工作人员穿好荧光背心，带上手提广播、照明灯、对讲机等进入区间，引导乘客撤离
	安排站台岗工作人员在端门处接应疏散乘客
	确认乘客全部疏散完毕后报告行车调度员
站台岗工作人员	穿好荧光背心，带上手提广播、照明灯、对讲机等进入区间，引导乘客撤离
	在端门处接应疏散乘客
	引导乘客撤离后按原路返回车站
行车调度员	下达区间疏散命令，确定疏散方向
	通知邻近车站到区间引导乘客疏散
	通知邻线列车在疏散区段限速运行，并注意瞭望和鸣笛
	采取措施防止其他运营列车进入事发区段，保证区间乘客要到达的车站站台区段空闲
	采取隧道通风等环境控制措施，必要时切断牵引供电
	根据需要调整列车运行方案

领域知识 4　客运隔离组织

1. 客运隔离的概念

客运隔离是指采用某种方式或设备人为地隔开乘客人群或封闭某个车站区域的措施。主要包括非接触纠纷隔离、接触式纠纷隔离、客流流线隔离、疫情隔离等情况。

2. 客运隔离的分类与措施

非接触纠纷隔离：当乘客发生口头纠纷时，离现场最近的工作人员要立即上前调解；必要时要把纠纷双方分别带到人少的地方（或带到车站会议室）进行劝说和调解；如有其他乘客围观，应及时将他们劝离现场，维持好车站的正常秩序。

接触式纠纷隔离：当乘客打架时，离现场最近的工作人员要立即赶到现场，与车站保安人员一起把打架双方隔开，并通知地铁公安人员到场；车站控制室通知值班站长赶到现场处理，将打架双方移交地铁公安处理；车站要及时疏散围观的乘客，并寻找目击证人填写事件记录。

客流流线隔离：当车站某一端排队购票队伍、进站客流、出站客流或者换乘客流发生交叉干扰时，车站工作人员可以利用伸缩铁围栏、隔离带、铁马等设备器具人为地隔开人群，保持进、出客流畅通；可利用手提广播引导一部分乘客到人少的一端购票进站，避免乘客排长队的现象出现。常见设置客流流线隔离的位置有四种，包括出入口通道进出客流流线隔离、换乘通道客流流线隔离、站厅进出客流流线隔离、购票排队客流流线隔离。客流流线隔离可以利用铁马、隔离带等设备器具在平面上进行空间隔离，起到避免不同方向换乘客流的对冲，实现开辟两条换乘通道，提高排队秩序和效率的作用。

疫情隔离：当发现车站有恶性传染疫情时，将疑似病人移至临时隔离点，等待 120 急救或者疾控中心的支援；对与疑似人员有过密切接触的人员进行隔离，并且未经防疫部门的许可不准许其离开车站；对疑似病人接触过的区域在未进行消杀前隔离起来，以免将病毒传染给其他乘客。

三、导图精学

车站大客流的客运组织的知识框架如图 3-6 所示。

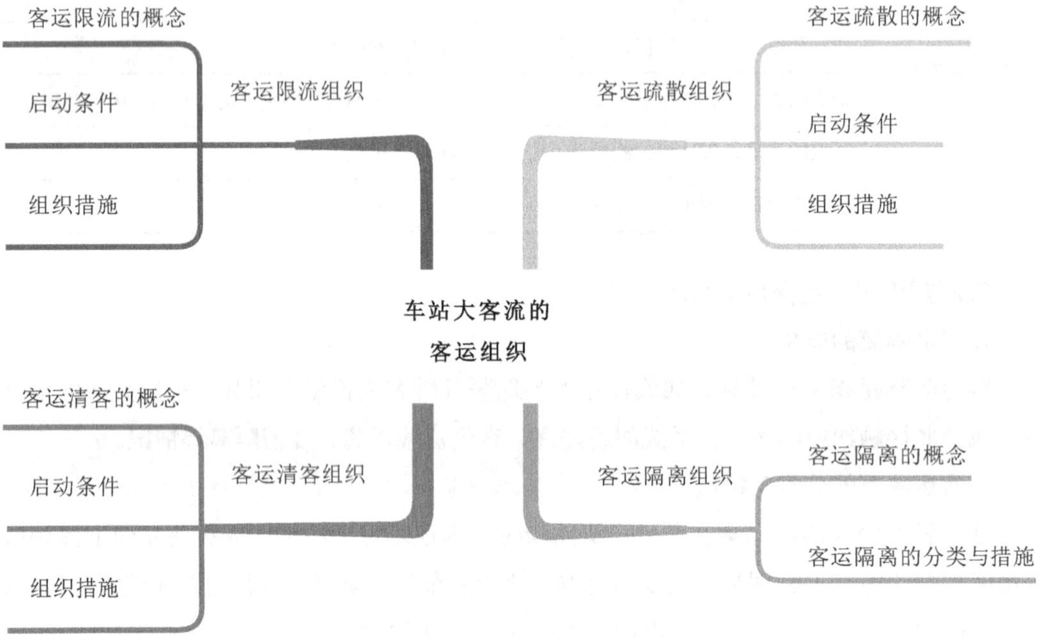

图 3-6　车站大客流的客运组织的知识框架

四、测验提学

【单选题】

1. 当突发事件发生时，车站可根据实际情况采用不同的客流组织办法对乘客进行疏导。主要有限流、疏散、(　　)、隔离 4 种办法。

A. 清客

B. 清站

C. 引导

D. 撤离

2. (　　)是指当车站或列车出现异常时，需要将乘客从某一区域全部转移到另一区域。

A. 清客

B. 清站

C. 引导

D. 撤离

3. (　　)是指采取某种方式或设备人为地隔开乘客人群或封闭某个车站区域。

A. 清客

B. 清站

C. 隔离

D. 撤离

【判断题】

1. 当车站发生突发事件时，各岗位员工应遵循突发事件的处理原则，团结协作、迅速高效地妥善处理，防止事故的扩大、升级，最大限度减少事故造成的危害与损失。(　　)

2. 车站疏散不需要城市轨道交通运营企业各个部门高度配合。(　　)

3. 根据造成隔离的原因，客运隔离可分为：非接触纠纷隔离、接触式纠纷隔离、客流流线隔离、疫情隔离。(　　)

任务3　车站大客流的应急准备

一、情境激学

车站大客流变化趋势可分为五个阶段，包括形成阶段——上升阶段——顶峰阶段——下降阶段——恢复阶段等。每个阶段需要采取什么措施去应对大客流呢？

通过学习车站大客流应急准备的相关知识，我们将了解车站大客流组织的应急处理程序；掌握车站大客流的应急处理手段和方法，包括增加运行列车、增加列车售票能力以及各类型组织工作等；全面把握车站大客流应急准备的流程和要点，提高安全意识和应急响应能力。

二、知识链学

车站大客流的应急准备主要要完成3个领域知识的学习，如图3-7所示。

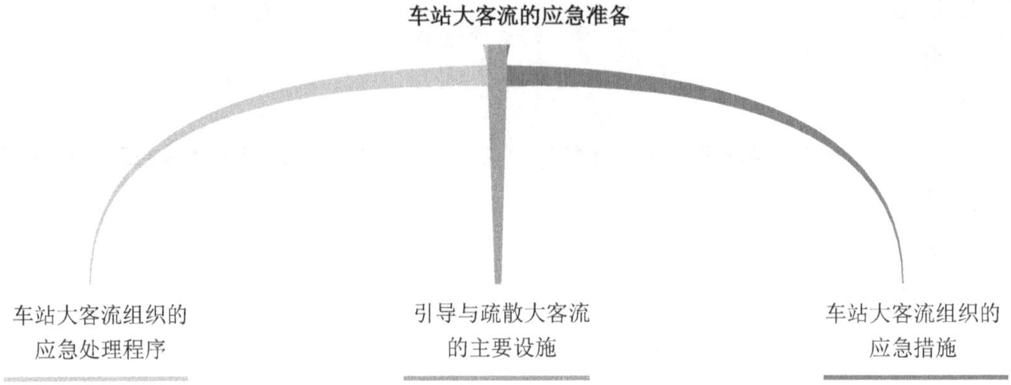

图 3-7　知识链学框架图

领域知识 1　车站大客流组织的应急处理程序

各城市轨道交通运营企业所采用的大客流组织应急处理程序各不相同，但各岗位职责相似，如表 3-4 所示。

表 3-4　车站大客流组织的应急处理时各岗位的岗位职责

岗位	岗位职责
行车值班员	通过监控系统，监控现场客流事件发展情况
值班站长	了解产生大客流的原因、规模，预测可能持续的时间
	观察客流发展情况并报告行车调度员
	通知驻站地铁公安，并及时组织驻站人员参与控制客流，加强现场的疏导工作，做好秩序维护和服务组织工作
站台岗工作人员	在适当位置增设临时售票点，出售预制票，避免自动售票机（TVM）前乘客排长队购票的情况出现
	根据客流情况，实行楼梯和自动扶梯、闸机、出入口三级控制
	向行车调度员请求加开列车或对自动售检票系统（AFC）设置降级模式
	加强对出入口、站厅、站台客流的监控及疏导，避免站厅非付费区内人员过度拥挤或流通不畅
行车调度员	下达区间疏散命令，确定疏散方向
	通知邻近车站到区间引导乘客疏散
	通知邻线列车在疏散区段限速运行，并注意瞭望和鸣笛
	采取措施防止其他运营列车进入事发区段，保证区间乘客要到达的车站站台区段空闲
	采取隧道通风等环境控制措施，必要时切断牵引供电
	根据需要调整列车运行方案

领域知识 2 引导与疏散大客流的主要设施

城市轨道交通运营企业采取的引导与疏散大客流的主要设施有：临时导向标志、警戒绳、隔离栏杆及手持广播等（见图 3-8、图 3-9 所示）。采用人工引导及通过广播宣传引导等疏导措施，可以实现客流的隔离、限流，避免客流流线对流、交叉、冲突等，有助于更好地完成客运组织工作。

图 3-8 临时导向标志、警戒绳与手持广播

图 3-9 隔离栏杆

领域知识 3 车站大客流组织的应急措施

1. 增加列车运能

增加列车运能是缓解大客流的主要途径。根据预测客流量，提前编制针对大客流特殊情况下的列车运行图，可以从运能上降低大客流的影响。在大客流发生时，根据客流流向，利用就近的折返线、存车线组织增开临时列车，提升运营能力，快速缓解大客流的影响。

2. 增加售检票能力

售检票能力不适应是车站留置客流的主要原因，车站在设置售检票位置时应考虑提供疏散大客流的通道。当可预见大客流情况发生时，应事先做好相应票务服务准备工作，具体包括：

① 售检票设备的准备。设备维护人员应事先对车站全部售检票设备进行维护、检修，确保在大客流发生时，售检票设备能正常使用。

② 车票和零钞的准备。车站应根据客流预测和以往大客流所消耗的车票及零钞数，在大客流发生前，向票务部门申领和储备充足的车票和零钞。

③ 临时售票亭的准备。车站根据大客流的进出方向，选择在进站客流较集中的位置，设置临时售票亭。站厅面积较小的车站，可考虑将临时售票亭布置在进站客流较多的通道内。

3. 做好进站客流组织工作

根据站台是否还能容纳和承受更大的客流流量，分两种情况进行进站客流组织工作。

① 站台还能容纳和承受更大的客流时，可增加售检票能力。准备好足够的车票、零钞；在地面、站厅增设临时售票点或增加自动售票设备；加开通往站台方向的自动扶梯；适当延长列车停站时间。在站台上做好乘客上下车的引导工作，在保障安全的前提下，加开进站方向的闸机，增加本次列车运能储备的投入，争取让更多的乘客上车。

② 站台不能容纳和承受更大的客流时，可暂停或减缓售票速度，关闭部分自动售票机；暂时关闭局部或全部进站方向闸机；更改自动扶梯方向，将部分或全部自动扶梯调整为向站厅层及出入口方向运行，延缓乘客进站速度；适当延长列车停站时间，尽可能让更多乘客上车；采取进出站分流导向措施，将部分出入口设置成能出不能进，限制乘客进入，延长站台层客流的疏散时间。也可在公安人员的配合下关闭出入口，暂停客运服务，安排人员到出入口做好乘客服务解释工作，并张贴车站关闭的通告。

4. 做好出站客流组织工作

出站客流疏散往往能缓解车站压力，在大客流组织中应坚持出站客流优先原则。保证乘客出站线路畅通，加快出站速度，使乘客安全、快速、有序地离开车站，可采取以下措施：更改自动扶梯方向，将部分或全部自动扶梯方向调整为向站厅层及出口方向运行；将部分或全部进站闸机更改为出站闸机；紧急情况时，可采取票务应急处理模式，如出站免检模式、自动售检票系统（AFC）紧急放行模式等。

5. 采取临时疏导措施

在大客流组织中，临时合理的疏导是很重要的组织措施。临时疏导主要包括车站出入口、站厅层的疏导，自动扶梯、站台层的疏导。

车站出入口、站厅层的疏导主要是根据临时售检票位置的设置，引导、限制客流的方向；临时售检票位置宜布置在站外、站厅较空旷的位置，应为排队购票的乘客留出充分的空间，确保通道的畅通和出入口、站厅的客流秩序；自动扶梯、站台层的疏导主要是为了尽量保证客流均匀上下扶梯和尽快上下列车，保证乘客站台候车的安全。站务人员应在靠近楼梯、自动扶梯处站岗并分散在站台前、中、后部疏导乘客。

三、导图精学

车站大客流的应急准备的知识框架如图 3-10 所示。

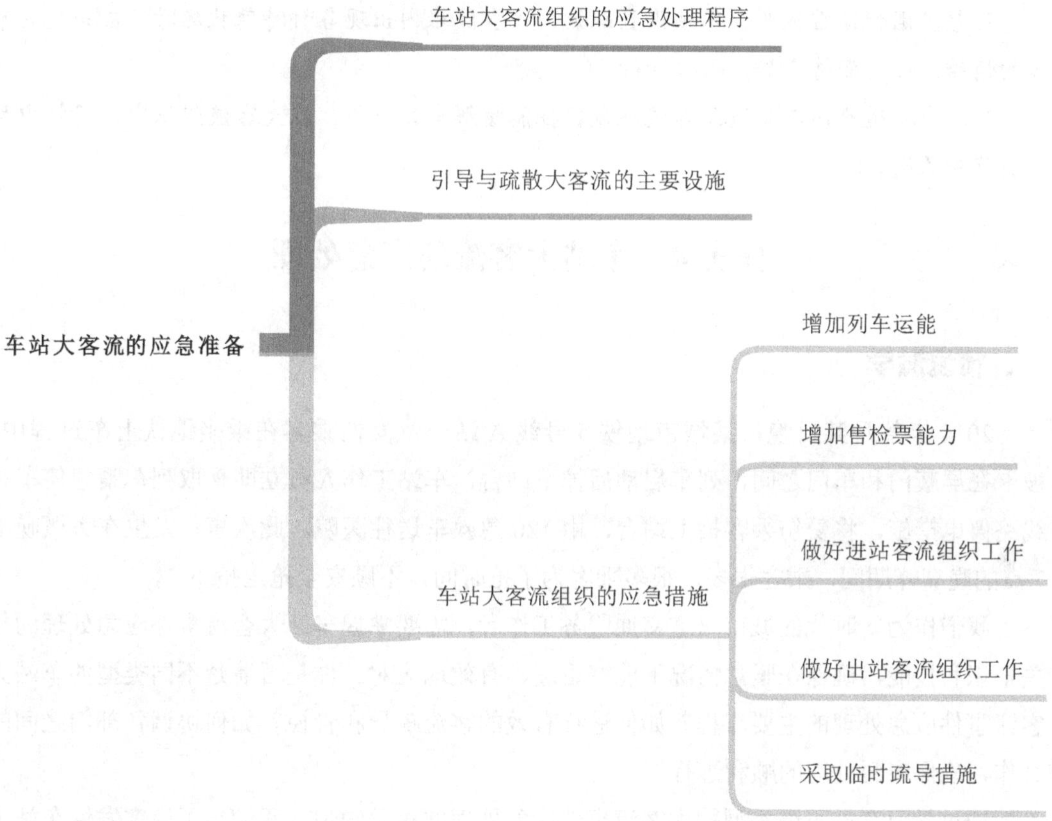

图 3-10 车站大客流的应急准备的知识框架

四、测验提学

【单选题】

1. 车站可利用（ ）等设施进行排队组织，排队方向应以不影响其他乘客通行为宜。

A. 标语

B. 警示牌

C. 导流带

D. 工作人员

2. 限流的作用不包括以下哪一项？（　）

A. 防止大客流爆满

B. 均衡大客流

C. 保证所有乘客能及时乘车

D. 保障线路通畅，高效运营

【判断题】

1. 导流围栏通常较长，不须设置疏散门。当围栏内出现各种特殊状况时，应先稳定乘客的情绪，使其保持冷静，耐心等待。（　）

2. 城市轨道交通车站进站客流疏散往往能缓解车站压力，在大客流组织中应坚持出站客流优先原则。（　）

任务 4　车站大客流的应急处理

一、情境激学

2014 年某月某日晚，某城市地铁 5 号线 A 站一位女性乘客在乘坐地铁上车过程中，被卡在屏蔽门和车门之间，列车启动后掉下站台，车站工作人员立即采取列车紧急停车和线路停电措施，将受伤乘客抬上站台，由 120 急救车送往医院。此次事件发生在大概晚上 7 点的晚高峰期间，乘客很多，很多乘客为了抢时间，不顾安全抢上抢下。

我们作为新时代的城市轨道交通服务工作者，需要掌握车站大客流事件应急处理的相关知识和技能，确保在紧急情况下能够迅速、有效地应对。你是否清楚不同类型的车站大客流事件应急处理的主要流程？如何进行有效的客流疏导和管控？如何协调各部门之间的合作，确保应急处理的顺利进行？

通过学习车站不同类型的大客流事件应急处理的相关知识，我们将了解突发性车站大客流不同阶段的应对措施，以及可能导致的安全问题；学习如何有效地应对突发性大客流和预见性大客流的应急处理措施；全面把握车站突发性以及预见性大客流应急处理的基本流程和方法，提高应急响应和处置能力。

二、任务践学

任务活动 1　突发性大客流的应急处理程序

【知识链接】——突发性大客流发展趋势

突发性大客流的发展分为五个阶段，如图 3-11 所示。

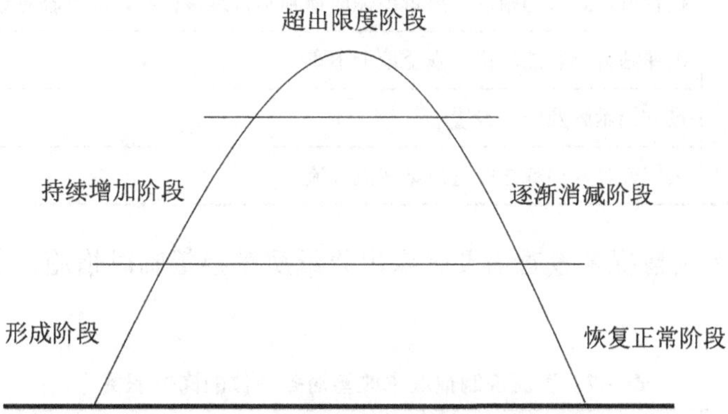

图 3-11　突发性大客流发展阶段曲线

① 突发性大客流一般应急处理的各岗位职责，如表 3-5 所示。

表 3-5　突发性大客流一般应急处理时各岗位的岗位职责

岗位	行动要求
行车调度长	与行车调度员确认大客流概况，向行车调度员通报概况
	启动相应应急预案
行车调度员	按照应急预案对全线列车进行运营调整
	通知全线车站的行车值班员列车运营调整的情况
值班站长	指示车站各岗位工作人员执行车站大客流控制预案
行车值班员	通过闭路电视监控系统（CCTV）观察乘客涌入或停留在站台、站厅的情况
	加强车站广播： 1. 劝请站台候车乘客移到较不拥挤的地段以增加站台通畅的面积。 2. 劝请乘客不宜在站厅逗留。 3. 劝请需要出站的乘客迅速离开车站。及时向值班站长、调度中心（OCC）汇报

② 如果客流继续增加需要采取限流措施，岗位职责如表 3-6 所示。

表 3-6 客流继续增加时各岗位的岗位职责

岗位	岗位职责
值班站长	密切监视车站客流的情况，加强与车站各岗位的联系
	指示站务人员携带手提广播到站台维持秩序，设置临时导向标识；确保乘客能尽快、安全地上下车；设立指示牌及隔离设置以控制客流的方向；关闭部分入口或进行进出站乘客分流来控制乘客进入车站
站台岗工作人员	执行值班站长的指示，携带手提广播到站台维持秩序，设置临时导向标识
	确保站台乘客能尽快、安全地上下车
	设立指示牌及隔离设置
	关闭部分入口或进行进出站客流分流

③ 如果客流控制情况未改善需要采取出售纸质车票等临时措施，各岗位职责如表 3-7 所示。

表 3-7 客流控制情况未改善时各岗位的岗位职责

岗位	岗位职责
行车调度长	批准同意使用纸质车票
	通知城市轨道交通公安分局的公安人员到车站现场提供协助，维持公共秩序
行车调度员	通知沿线各站，×× 站开始售卖纸质车票，做好边门出站乘客的纸质车票验收工作
值班站长	通知站台岗工作人员出售纸质车票，打开边门，做好纸质车票的检票工作，各站务人员与公安人员在重点位置部署
站台岗工作人员	出售纸质车票，打开边门，执行值班站长所指派的任务，与公安人员协调部署
	使用手提广播提醒候车乘客维持秩序，确保站台候车乘客的安全
行车值班员	加强广播，及时将车站客流情况向行车调度员汇报
行车调度员	制定并执行行车调整方案

④ 大客流持续增加时各岗位职责如表 3-8 所示。

表 3-8 大客流持续增加时各岗位的岗位职责

岗位	岗位职责
值班站长	要求售票员、临时售票员减缓售票并向乘客做好解释工作
	指派车站保安看护站台扶梯，禁止或减缓乘客登上站台
	指派车站保安或联系公安人员，对进站厅的入口实行控制，减少进站乘客
	通过车站广播，提醒乘客车站客流较大，尽量改乘地面交通工具

⑤ 大客流消除时各岗位职责如表 3-9 所示。

表 3-9 大客流消除时各岗位的岗位职责

岗位	岗位职责
值班站长	要求站务人员停止售卖纸质车票，关边门，撤除指示牌及隔离设置，恢复正常运营服务
站台岗工作人员	执行值班站长的指示，停止售卖纸质车票，关边门，撤除指示牌及隔离设置
行车值班员	向行车调度员汇报车站大客流已消除，售卖纸质车票已停止，车站恢复正常运营服务
行车调度员	向调度长汇报车站大客流已消除，售卖纸质车票已停止，车站恢复正常运营服务
行车调度长	向有关领导汇报大客流已消除，车站恢复正常运营服务

任务活动 2 预见性大客流的应急处理程序

预见性大客流的应急处理方法和突发性大客流基本相同，它们的区别主要在于城市轨道交通运营企业能够对大客流进行预测，并有针对性地提前制定预见性大客流运营组织方案，相关应急车辆、设备、人员能够提前到位待命，准确及时地采取各种措施对大客流进行疏导。

在制定针对性的运营组织预案时，要遵循的原则如下所示：

① 根据大型活动组委会要求以及以往经验，做好预见性大客流行车组织方案的编制。对大客流的影响要做好充分评估，对大型活动方案的编制要有预见性，要按高一个等级的要求编制方案，以便实际灵活运用。

② 针对预见性大客流制定的行车组织方案要及时下发，做好相关行车和站务以及后勤保障人员培训工作，工作人员要熟知方案要求。

③ 要保持与大型活动组委会的联系，遇到突发情况时，可采取关闭车站、关闭进出口等措施，突破现行规章要求，应对大客流。

④ 为确保乘客的安全，在大型活动中采取的任何运营调整措施一定要服从安全部门的要求。

三、策略深学

车站大客流组织的应急处理要遵循以下原则：

① 整体上遵循“安全第一、统一指挥、分级控制、合理引导、及时疏散”的原则。

② 以实现乘客安全运输为根本原则，保持客流运送过程通畅，尽量减少乘客出行时间成本，避免拥挤，以便大客流发生时能及时疏散。

③ 统一指挥，分工明确。地铁控制中心负责地铁线路客流组织工作，车站的客流组织由值班站长负责。

④ 根据车站具体情况，分级实施客流控制。分别在车站出入口、闸机处及站厅至站台层自动扶梯处实施基本客流组织。

⑤ 客流控制应遵循由内至外、由下至上的原则。

⑥ 在各种设施设备的使用及疏导措施的运用中，坚持出站客流优先原则。

大客流处理流程主要包括以下几个步骤：

① 大客流形成阶段，加强信息沟通，增派人员，增加车辆。

② 大客流持续增加阶段，加强信息沟通，安排的人员车辆迅速到位，请求相邻车站和公安支援。

③ 大客流超出限度阶段，采取限流等措施，保证安全。

④ 大客流逐渐消减阶段，应灵活调整客流组织措施。

⑤ 大客流恢复正常阶段，解除大客流应对措施，恢复正常运营。

四、测验提学

【单选题】

1. 客流控制应遵循（　）的原则。

A. 由外至内，由下至上

B. 由内至外，由上至下

C. 由外至内，由上至下

D. 由内至外，由下至上

2. 车站发生突发性大客流时，由（　）负责现场客运组织。

A. 站长或值班站长

B. 客运值班员

C. 行车调度员

D. 行车值班员

【判断题】

1. 遇突发大客流，必要时行车调度员有权下达临时封站命令。(　)

2. 车站发生突发性大客流时，行车值班员及时播放相应广播疏导乘客。(　)

3. 行车值班员接到行车调度员发布的区间清客（疏散）调度命令后，须开启相应区间照明。(　)

任务 5　车站大客流的应急处理模拟实训

当车站周边发生地面交通阻塞，遇到重要节假日，举办大型活动、集会或发生其他突发事件时，个别车站将出现突发大客流情况，有时会出现比预测还要大得多的客流量，甚至出现无法事先预知的大客流。这时要以保证乘客安全运输为前提，尽快疏散客流，并采取客流控制措施，以避免客运组织的混乱失控。

根据本项目内容，以小组为单位开展突发性大客流事件应急处理的模拟实训，实训的目标是熟悉和掌握城市轨道交通突发性大客流事故处理流程，提高应对大客流的能力。实训的内容包括：模拟节假日大客流的情况、设置引导工具、演练应急处理流程、组织引导乘客疏散。

一、任务分工

1. 以小组为单位开展现场实训演练。

2. 在演练过程中，演练活动的考核主要围绕如表 3-10 所示的评价表中的要点进行。

演练角色设置：建议每小组学员 8 人左右。每个小组设置一名观察兼监督员，负责记录学员演练情况。值班站长、站台岗工作人员、行车值班员、行车调度员、行车调度长等工作岗位各设一名工作人员，并设置两名乘客。

教师负责演练实施过程的指挥控制，提醒学员按照流程演练，并对每位学员的演练过程进行评估；实训学员扮演不同的角色，完成现场演练要求的各项任务、相互监督、相互提出改进意见。

二、工具准备

票卡、备用金、零钞、隔离柱、隔离带、警戒绳、暂停使用牌、纸、笔等。

三、方案 / 程序实施

① 给各组分配情景任务。

② 组内讨论情景细节、人员与职责、物资等。

③ 情景模拟。

④ 自评与总结。

四、模拟检查

在任务的模拟演练过程中，依据表 3-10 完成车站大客流应急处理模拟实训的过程评价。

表 3-10　车站大客流的应急处理模拟实训的过程评价表

<table>
<tr><td>实训任务</td><td colspan="3">车站突发性大客流应急处理</td></tr>
<tr><td>任务说明</td><td colspan="3">突发性大客流事件的应急处理措施，汇报信息，各岗位职责</td></tr>
<tr><td>班级</td><td></td><td>姓名</td><td></td></tr>
<tr><td>学习小组</td><td></td><td>考核时间</td><td></td></tr>
<tr><td colspan="4">考核目标</td></tr>
<tr><td colspan="4">1. 根据所分配的情境，合理设置细节，符合常理，不能刻意简化情境。
2. 人员岗位分工明确，各岗位人员清楚自身职责与处理程序。
3. 物资准备齐全，运用合理。
4. 遵守规章制度，正确处理事件，灵活应对乘客突发情况。
5. 表格填写规范具体，原因分析有理有据，预防改进措施合情合理</td></tr>
</table>

<table>
<tr><td colspan="4">考核内容</td></tr>
<tr><td>考核项目</td><td>考核细则</td><td>分值</td><td>得分</td></tr>
<tr><td colspan="4">突发性大客流应急处理程序</td></tr>
<tr><td rowspan="2">行车调度长职责</td><td>与行车调度员确认大客流概况，向行车调度员通报概况</td><td>4</td><td></td></tr>
<tr><td>启动相应应急预案</td><td>4</td><td></td></tr>
<tr><td rowspan="2">行车调度员职责</td><td>按照应急预案对全线列车进行运营调整</td><td>4</td><td></td></tr>
<tr><td>通知全线车站行车值班员列车运营调整情况</td><td>5</td><td></td></tr>
<tr><td>值班站长职责</td><td>指示车站各岗位工作人员执行车站大客流控制预案</td><td>5</td><td></td></tr>
<tr><td rowspan="2">行车值班员职责</td><td>通过闭路电视监控系统（CCTV）及站务人员的报告，观察乘客涌入或停留在站台、站厅的情况</td><td>4</td><td></td></tr>
<tr><td>劝请站台候车乘客移到较不拥挤的地段以增加站台通畅的面积；劝请乘客不宜在站厅逗留；劝请需要出站的乘客应迅速离开车站。及时向值班站长、调度中心（OCC）汇报</td><td>4</td><td></td></tr>
<tr><td colspan="4">如果客流继续增加需要采取限流措施</td></tr>
<tr><td rowspan="2">值班站长职责</td><td>密切监视车站客流的情况，加强与车站各岗位的联系</td><td>6</td><td></td></tr>
<tr><td>指示站务人员携带手提广播到站台维持秩序，设置临时导向标识；确保乘客能尽快地上下车；设立指示牌及隔离设置以控制客流的方向；关闭部分入口或进行进出站乘客分流来控制乘客进入车站</td><td>5</td><td></td></tr>
<tr><td rowspan="4">站台岗工作人员职责</td><td>执行值班站长的指示，携带手提广播到站台维持秩序，设置临时导向标识</td><td>4</td><td></td></tr>
<tr><td>确保站台乘客候车的安全及乘客能尽快、安全地上下车</td><td>4</td><td></td></tr>
<tr><td>设立指示牌及隔离设置</td><td>6</td><td></td></tr>
<tr><td>关闭部分入口或进行进出站客流分流</td><td>4</td><td></td></tr>
</table>

（续表）

如果客流控制情况未改善需要采取出售纸质车票等临时措施			
行车调度长职责	批准同意使用纸质车票	3	
	通知城市轨道交通公安分局的公安人员到车站现场提供协助，维持公共秩序	3	
行车调度员职责	通知沿线各站，XX站开始售卖纸质车票，做好边门出站乘客的纸质车票检票工作	3	
值班站长职责	通知站台岗工作人员出售纸质车票，打开边门，做好纸质车票的检票工作，各站务人员与公安人员协调在重点位置部署	3	
站台岗工作人员职责	出售纸质车票，打开边门，执行值班站长所指派的任务，与公安人员协调部署	3	
	使用手提广播提醒候车乘客维持秩序，确保站台候车乘客的安全	3	
行车值班员职责	加强乘客广播提醒，及时将车站客流情况向行车调度员汇报	3	
行车调度员职责	制定并执行行车调整方案	3	
大客流持续增加时采取的措施			
值班站长职责	要求售票员、临时售票员减缓售票并向乘客做好解释工作	4	
	指派车站保安看护站台扶梯，禁止或减缓乘客登上站台	4	
	指派车站保安或联系公安民警，对进站厅的入口实行控制，减少进站乘客	4	
	通过车站广播，提醒乘客车站客流较大，尽量改乘地面交通工具	4	
大客流消除时采取的措施			
值班站长职责	要求站务人员停止售卖纸质车票，关边门，撤除指示牌及隔离设置，恢复正常运营服务	3	
站台岗工作人员职责	执行值班站长的指示，停止售卖纸质车票，关边门，撤除指示牌及隔离设置	3	
行车值班员职责	向行车调度员汇报车站大客流已消除，售卖纸质车票已停止，车站恢复正常运营服务	4	
行车调度员职责	向调度长汇报车站大客流已消除，售卖纸质车票已停止，车站恢复正常运营服务	4	
行车调度长职责	向有关领导汇报大客流已消除，车站恢复正常运营服务	4	
总评成绩			

任务完成人签字：

日期：　　年　月　日

（续表）

指导教师签字：   日期：　　年　月　日

五、评价

在完成模拟实训后，依据表 3-11 完成车站大客流应急处理模拟实训的总结评价。

表 3-11　车站大客流的应急处理模拟实训的总结评价表

模拟实训：车站大客流事件的应急处理				
考核内容			分值	考核得分
1. 实训方案的准备情况			30	
2. 实训过程考核			40	
3. 对实训遇到问题的解决情况			20	
4. 课堂表现及职业素养			10	
总体评价				
教师评价	小组评价（组间、组内互评）	个人自评	学生姓名	
			分数	

阅读拓学

上海地铁 5G 技术实现智慧客流引导

周一的早高峰时段，上海地铁惠南站和往常一样，依然实施限流。与往常不一样的是，每列列车进站后该安排多少位乘客上车，不再是简单地靠人眼识别，而是由计算机给出数据。

惠南站有着明显的潮汐式客流特征。早高峰期间，在开往龙阳路站方向的列车上，乘客几乎只上不下。在惠南站的智慧客流引导界面上，显示着惠南站出入口客流、即将到站的车辆信息以及往龙阳路站方向其他几个限流车站的实时客流情况。系统以这些数据为基础，基于内部算法，计算出建议车站工作人员放行乘客的数量，并动态更新。例如，给出了前一列列车放行乘客数量是 100 名，后一列列车放行乘客数量是 130 名乘客的精准限流数据。

2020 年，上海地铁试点推出客运信息实时查询服务，该服务集成大数据、云服务等多项智能科技手段，实时采集车厢客流状态、列车行进位置、车厢温度等数据，列车运行数据上传云平台实现自动计算并无线传输，动态反馈和分享列车载客运营情况。乘客可通过“Metro 大都会”App，实时查看各条线路的平均满载率、列车车厢拥挤度等信息。

目前，上海地铁正在加快 5G 网络建设与创新应用，力争在今年完成全市 297 个地下车站站厅、站台的 5G 网络覆盖，并在地铁安全管理、运营服务、设备智能运行维护等方面探索 5G 创新应用。

项目小结

请依据本项目的学习与实践，填写表 3-12，完成本项目的总结提升。

表 3-12　项目小结

教学提纲		主要内容简述
一级	二级	
车站大客流的基础知识	概述	
	成因	
	分类	
车站大客流的客运组织	客运限流组织	
	客运清客组织	
	客运疏散组织	
	客运隔离组织	
车站大客流的应急准备	应急处理程序	
	引导与疏散大客流的主要设施	
	车站大客流组织的应急措施	
车站大客流的应急处理	突发性大客流的应急处理程序	
	预见性大客流的应急处理程序	

评价量规

请结合本项目各任务的学习和实践情况，完成项目的总体评价，并将评价结果填写在表 3-13 中。

表 3-13　评价量规

课程名称：							所属专业：				
姓名：			学号：			班级：			组别：		
填表人：							填表日期：				
评价指标（总分 100 分）		权重	等级说明					评价主体			
一级指标	二级指标		优秀（100 ～ 90 分）	良好（90 ～ 80 分）	中等（80 ～ 70 分）	合格（70 ～ 60 分）	不合格（60 ～ 0 分）	学生自评	组内互评	组间互评	教师总评
专业能力 40%	正确度	0.2									
	规范度	0.2									
学习能力 20%	参与度	0.1									
	合作度	0.1									
职业素养 20%	责任度	0.1									
	坚韧度	0.1									
工匠素养 20%	精益度	0.1									
	善为度	0.1									
总计：											

注：
1. 该表的满分为 100 分。
2. 每项平均分标准按优秀、良好、中等、合格、不合格五个等级评分。
3. 每个指标小计得分 = ［学生自评 ×30%+（组内互评 + 组间互评）÷2×30%+ 教师总评 ×40%］× 权重。
4. 各项指标小计得分总和即为该学生总得分。
5. 本量规表适用于学生自评、组内互评、组间互评和教师总评

项目 4
车站公共安全事件的应急处理

案例导学

东京地铁沙林毒气案

1995 年 3 月 20 日早晨，正值上班早高峰。在东京的地铁列车上，很多人呼入了不明气体，出现了恶心、呕吐、呼吸困难、双目失明等症状。车厢里乱作一团，哭声、喊声、痛苦呻吟声此起彼伏，很多人在地上打滚，表情十分痛苦。警察和医生迅速赶到现场救援，初步查明是沙林毒气中毒。

沙林也叫沙林毒剂，是一种易挥发的神经毒剂。大头针针头大小的一滴，就足以迅速导致一名成人死亡。它在室温下是一种无色无味的液体，但遇热后可迅速挥发。沙林被释放后可迅速在环境中扩散，对人体造成伤害。中毒症状包括头疼、流涎、流泪，接下来是肌肉逐渐麻痹，甚至死亡。

发生如此大规模的恐怖袭击事件，给日本民众心理造成很大的恐慌。此事震动了整个日本社会，日本媒体称这是日本平成年间的重要历史事件。

如今，还有许多东京地铁投毒事件的幸存者活在人世，很多人都留有后遗症。他们有的成了盲人，有的成了植物人，有的身体出现各种各样的不适症状。身体和精神所受的伤害将伴随余生。

学习目标

1. 知识目标

① 掌握可疑物品的判定方法。

② 掌握车站公共安全事件的特点。

2. 能力目标

① 通过对任务情景的分析，学会应急处理车站公共安全事件。

② 通过模拟实训，明确各岗位工作人员职责，掌握车站公共安全事件应急处理的标准化作业流程。

3. 素养目标

① 通过小组合作探究，培养安全意识和职业素养。

② 通过对任务的分析与情景再现，坚定车站公共安全事件处理原则。

项目框架

车站公共安全事件的应急处理项目共分三个任务，如图 4.1 所示。

车站公共安全事件的应急处理

- 任务 1　认识车站公共安全事件
- 任务 2　车站公共安全事件的应急处理
- 任务 3　车站公共安全事件的应急处理模拟实训

图 4-1　项目框架图

任务 1　认识车站公共安全事件

一、情境激学

由于城市轨道交通具有人流密集、环境封闭、社会关注度高的特点，很容易成为不法分子袭击的目标。作为未来的城市轨道交通运营服务工作者，我们需要具备公共安全事件的应急处理能力，确保在突发事件发生时能够迅速、有效地应对。你是否了解公共安全事件的类型和特点？是否具备识别可疑物品的基础知识？能否掌握识别可疑物品的基本方法？

通过学习公共安全事件的基本概念和处理的相关知识，我们将了解公共安全事件的类型和特点，以便及时识别和判断；掌握识别可疑物品的方法，以及发现可疑物品后的处理流程和措施；了解公共安全事件的预防和预警机制，以减少突发事件的发生。

通过学习公共安全事件的基本概念和处理的相关知识，我们将能够全面掌握公共安全事件的处理流程和处理措施，提高责任意识和应急响应能力。未来在面对不同类型的公共安全事件时，我们将能够迅速、有效地反应，保障乘客的生命安全和财产安全。

二、知识链学

认识车站公共安全事件要完成三个领域知识的学习，如图 4-2 所示。

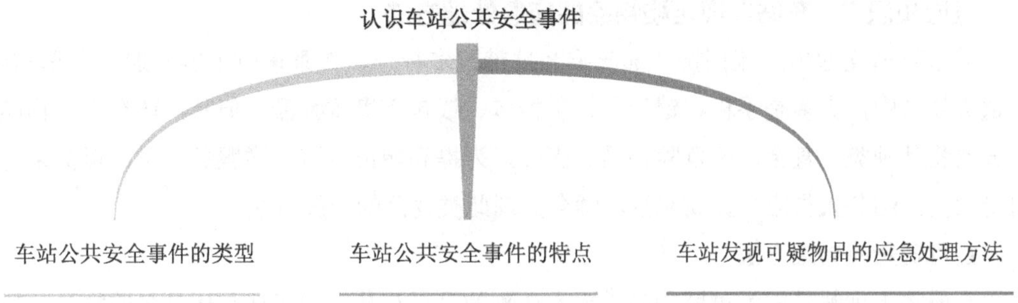

图 4-2 项目知识链学框架图

领域知识 1 车站公共安全事件的类型

公共安全事件是指突然发生，造成或者可能造成重大人员伤亡、财产损失、生态环境破坏和严重社会危害等危及公共安全的紧急事件。

常见的车站公共安全事件的类型有：车站内发现可疑物品；车站内或列车上发生抢劫、斗殴等严重治安或刑事案件；车站内发生炸弹、不明气体或物品恐吓（袭击）事件。

领域知识 2 车站公共安全事件的特点

1. 发生的突然性

导致公共安全事件出现的突发事件涉及自然、社会、经济、环境等诸多因素，而且演变迅速。在事前有效的时限内，人们仅可以感知或预测到部分非对称信息，不可能完整了解全部因素及其内在的关联和相互作用。因此，危机总是不期而至，突然发生。

2. 现实的危害性

公共安全事件一旦形成，实际上已经构成了对社会的现实危害。如 2014 年 5 月 4 日，纽约开往曼哈顿方向的 F 线地铁列车在皇后区发生脱轨事故，当场造成 19 人受伤；2014 年 5 月 21 日，台北地铁某站发生持刀砍人事件，共造成 4 人死亡、20 余人轻重伤。这些案例都给当地人民群众的生命财产安全造成重大危害。

3. 危害的扩散性

在经济社会高度发达的信息化环境中，车站公共安全事件发生后，会随着突发事件在社会上的连锁反应以及信息传播，从两个方面扩散其现实危害：一个是区域扩散，由危机发生地向其他地区辐射蔓延；另一个是形式扩散，由最初的单一灾害、事故或破坏事件衍生出新的危害形式，如车站危险物危机可能衍生出对城市轨道交通系统的信任危机，高度密集人群可能演变、发生大规模的群死群伤事件等，这被称为复杂系统的“涟漪效应”。

领域知识3　车站发现可疑物品的应急处理方法

城市轨道交通中人流拥挤，部分乘客携带过多行李，在乘车时很容易遗失在车站中。在遗失物品中，大多是手机、银行卡、手拎包、钱包等贵重物品。但是，还有部分物品难以分清物品种类，甚至属于危险物品。因此，为提高城市轨道交通服务质量，保护乘客和自身安全，站务人员应当提高警惕，学会处理此类物品的一般方法。

1. 可疑物品判定方法

一般将下列物品视为可疑物品：无人认领的且无法从表面确认具体品名的物品；呈块状、粉末状、膏状的不明性质物品；有刺激性气味、特殊异味、泄漏出气体的物品；与钟表、定时器、手机等电子设备有导线连接的不明物品；其他不确定的物品。

2. 可疑物品简要辨别方法

观察有危险标识或通过常识判断有危险的（如有“三品”标识的）；通过听觉，发现有异常响声的（如计时器响声）；通过嗅觉，发现有异常气味的（如刺激性气味）。

3. 发现乘客携带（可能为）危险品的处理方法

若在车站上发现可疑物品，第一步要报告，现场人员立即报告车站控制室，行车值班员、车站值班站长、地铁公安、控制中心（OCC）。第二步要隔离，现场人员隔离相关区域，疏散围观乘客，车站值班站长组织人员寻找其他可疑物品。第三步要准备疏散，做好乘客疏散和员工撤离车站的准备，派人引导公安人员到现场处理，视情况执行车站疏散程序。第四步要移交公安部门处理。车站值班站长向现场公安人员汇报有关情况，协助其工作。第五步要清理现场。公安人员处理完毕后协助调查和清理现场，尽快恢复正常运营。

若在列车上发现可疑物品，第一步，值班站长接报后组织人员疏散列车和该站台的乘客，封锁列车停靠的站台。第二步，采取车站客流控制措施，通过广播做好乘客安抚工作。第三步，做好乘客和员工撤离车站的准备，引导公安人员到现场处理，视情况执行车站疏散程序。第四步，将可疑物品移交公安人员处理，值班站长向现场公安人员汇报有关情况，协助其工作。第五步，清理现场，公安人员处理完毕后协助调查和清理现场，尽快恢复正常运营。

4. 发现可疑物品的应急处理流程

发现可疑物品的应急处理流程如表 4-1 所示。

表 4-1　发现可疑物品的应急处理流程

<table>
<tr><th rowspan="2">程序</th><th rowspan="2">行车值班员</th><th rowspan="2">值班站长</th><th rowspan="2">客运值班员</th><th colspan="2">站务员</th></tr>
<tr><th>票务</th><th>站台岗工作人员</th></tr>
<tr><td>信息接报</td><td>接到发现可疑物品的人员报告后，报告值班站长</td><td></td><td></td><td colspan="2" rowspan="9">配合做好相关工作</td></tr>
<tr><td>前期处理</td><td>做好失物招领广播</td><td>立即到现场了解情况</td><td>到现场协助值班站长处理</td></tr>
<tr><td rowspan="4">现场处理</td><td>根据值班站长命令报告控制中心（OCC）、驻站公安，并通过闭路电视监控系统（CCTV）监视现场情况</td><td>当判断为可疑物品时。安排行车值班员做好信息汇报，隔离可疑物品，做好安全防护，疏散围观乘客。视情况，封闭局部车站，做好乘客引导</td><td>协助值班站长，使用警戒线设置隔离区，疏散围观乘客</td></tr>
<tr><td>做好与控制中心（OCC）、车站各岗位、公安之间的信息传递，及时将公安处理情况向控制中心（OCC）报告</td><td>驻站公安到达后，与驻站公安做好交接，配合做好车站安全防护</td><td>配合做好车站安全防护</td></tr>
<tr><td>根据值班站长命令向控制中心（OCC）申请关站；接到控制中心（OCC）同意关站命令后报告值班站长</td><td>根据驻站公安关站要求，通知行车值班员向控制中心（OCC）申请关站</td><td>做好关站准备</td></tr>
<tr><td>播放关站广播</td><td>根据控制中心（OCC）关站命令，通知各岗位工作人员关站</td><td>执行关站程序</td></tr>
<tr><td rowspan="3">应急终止</td><td>向控制中心（OCC）汇报应急解除</td><td>接驻站公安应急解除的通知后，通知各岗位终止本方案，做好开站准备</td><td>清理现场，撤除防护</td></tr>
<tr><td>向控制中心（OCC）申请开站</td><td>开站准备工作完成后，通知行车值班员值班</td><td></td></tr>
<tr><td></td><td>根据控制中心（OCC）开站命令，开放出入口，恢复运营</td><td>开启车站各出入口</td></tr>
</table>

三、导图精学

认识车站公共安全事件的知识框架如图 4-3 所示。

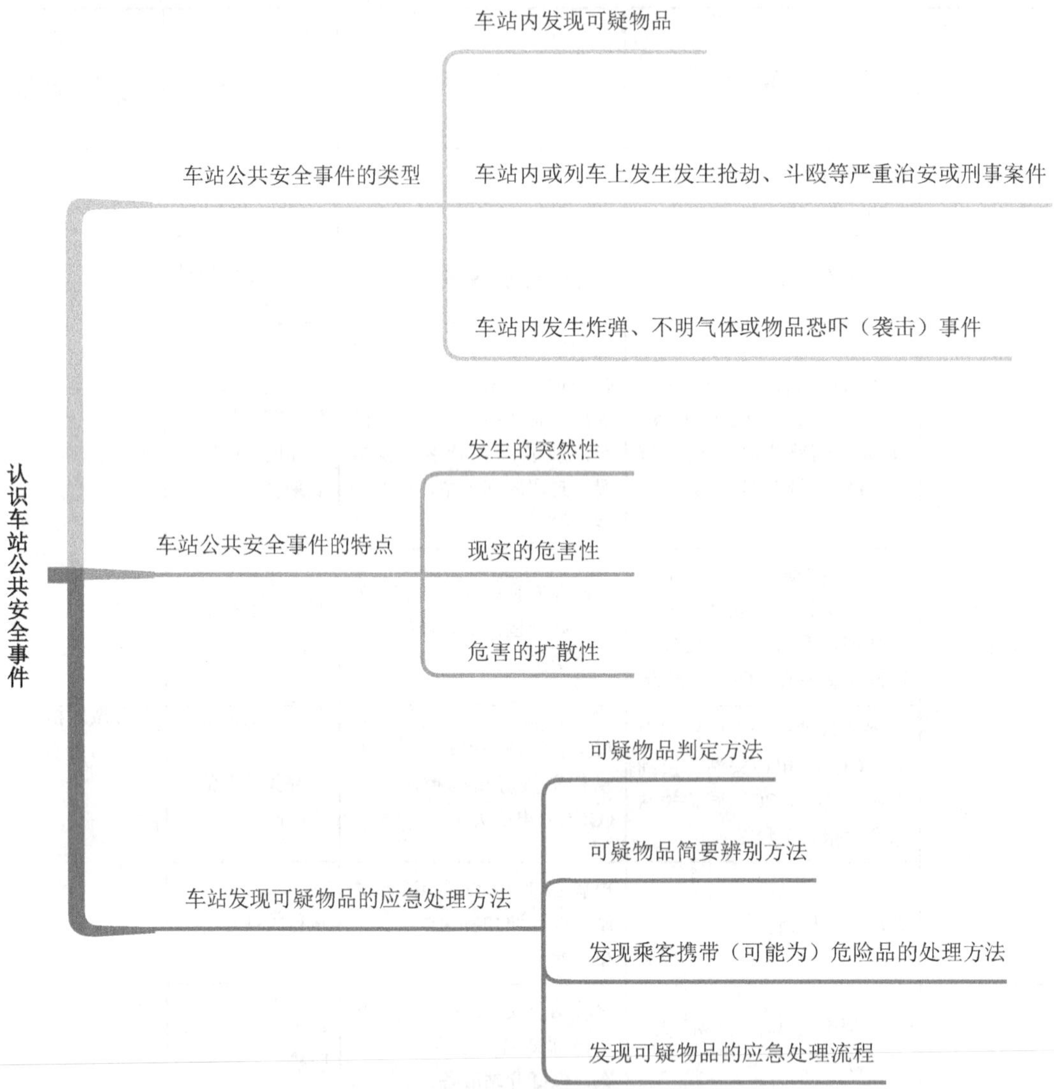

图 4-3　认识车站公共安全事件的认知导图精学

四、测验提学

【单选题】

1. 下列选项不属于车站公共安全事件类型的是（　　）。

A. 车站外发现可疑物品

B. 车站内发现可疑物品

C. 车站内或列车上发生抢劫、斗殴等严重治安或刑事案件

D. 车站内发生炸弹、不明气体或物品恐吓（袭击）事件

2. 下列选项中不属于车站公共安全事件特点的是（　）。

A. 发生的突然性

B. 现实的危害性

C. 危害的扩散性

D. 危害的远播性

【判断题】

1. 危险品是指具有易燃、易爆、毒害、腐蚀、放射性的物品及枪支、管制器具等可能危害公共安全的物品。（　）

2. 若在列车上发现可疑物品，第一步要疏散乘客，第二步要进行客流控制，第三步要撤离车站，第四步要将可疑物品移交公安人员处理，第五步要清理现场。（　）

3. 发生暴力砍人事件时，工作人员在保证自身安全的前提下，要充分利用防暴器具，组织乘客疏散，视情况堵截、反击；必要时，鼓励乘客在保证自身安全的前提下，充分利用各种设施工具反击。（　）

任务 2　车站公共安全事件的应急处理

一、情境激学

地铁作为一种现代化的城市轨道交通工具，已经得到越来越广泛的应用。城市轨道交通具有方便、快捷、平稳等优势，但也有其不可避免的弱势。城市轨道交通多数是建在地下封闭空间的复杂系统工程，加之城市轨道交通车站和电客车多为人流密集的公众聚集场所，通风和疏散都受到极大的限制，一旦发生恐怖袭击等公共安全事件，将会对城市轨道交通系统带来严重影响，甚至是毁灭性的打击。因此，作为未来的城市轨道交通运营服务工作者，必须配合城市轨道交通运营企业和当地政府部门做好充分的应急处理预案并进行演练，以确保城市轨道交通的运营安全。

在本任务中，我们通过学习公共安全事件应急处理的相关知识，掌握包括炸弹、不明气体或物体恐吓（袭击）事件，抢劫、斗殴等严重治安或刑事案件，危险化学物品泄漏（含毒气袭击）事件等三大类型公共安全事件的应急处理方法；了解在车站或列车上发生公共安全事件的不同应急处理程序；如何进行事后的总结和评估，以便对应急预案进行改进和完善；掌握在紧急情况下如何保持冷静、理智，并有效协调相关资源进行处理。

通过学习有关公共安全事件应急处理的相关知识，我们将能够全面掌握各类公共安全事件的处理流程和处理措施，能够正确、迅速处理地铁车站内和列车上的公共安全事件，最大限度保障乘客人身安全及社会安全。

二、任务践学

任务活动 1　炸弹、不明气体或物体恐吓（袭击）事件的应急处理

城市轨道交通车站内时常会遇到无主物品，一般为乘客大意遗留或有意丢弃，但也有可能是犯罪分子有意放置的危险物品。对车站、列车范围内的不明物品，城市轨道交通工作人员应保持持续的敏感性，严格执行可疑物品处理预案，不可麻痹大意；如果延误处理时机，就可能会对乘客的人身、财产造成伤害。以下简要介绍某城市轨道交通运营公司对炸弹、不明气体或物体恐吓（袭击）事件的应急处理办法。

当城市轨道交通员工接到电话、书面或电子邮件等各种形式的恐吓信息时，应按下列应急预案开展工作。

① 接到恐吓信息后，城市轨道交通工作人员应立即向其上级领导报告。控制中心（OCC）应立即向公安部门报告该恐吓事件，并通知受影响车站的值班站长、行车线上的列车司机及各级紧急救援抢险部门。

② 由公安部门确定恐吓信息的真实性，在车站进行不公开或公开的搜索行动。不公开搜索，无须疏散乘客，由城市轨道交通工作人员与公安人员联合进行。若公安部门已掌握相关信息，或确实已发现可疑物品时，须在车站进行公开搜索。搜索前需疏散局部或全体乘客，并由公安人员单独进行搜索。车站员工停留在安全的范围内，为搜索人员提供必要的协助。

③ 接到恐吓信息后，若不公开进行搜索，值班站长应安排停止所有清洁工作，依次搜索所有公众范围及所有非公众范围，及时将最新进展通报值班主任。公安人员前往有关车站，参与搜索行动，与值班站长保持密切联系，了解搜索工作的最新进展。若发现可疑物品或有毒气体，值班站长应立即封锁现场，决定疏散局部或全体乘客并立即通知值班主任。进行疏散前，必须先搜索所有疏散线路，确保疏散乘客的安全。员工发现可疑物品后，应立即向上级报告该物品的形态及准确位置，切勿触摸该物品，并留意周围形迹可疑的乘客；且不得在可疑物品 50 米范围内使用手机、无线电对讲机等通信设备。设置警戒区域，封锁可疑物品的四周，疏散周围乘客。若未发现可疑物品或有毒气体，值班站长应报告公安部门负责人，请示是否进行二次搜索。公安部门负责人向所有搜索人员查询搜索情况，将搜索结果上报上级公安部门。

任务活动 2　发生抢劫、斗殴等严重治安或刑事案件时的应急处理

在车站（含停站列车）发生抢劫、斗殴等严重治安或刑事案件时，应急处理程序如表 4-2 所示。

表 4-2　发生在车站（含停站列车）的治安或刑事案件中各岗位的岗位职责

负责人	岗位职责
行车值班员	事件报告： 接报或发现抢劫、斗殴事件时，立即拨打 110，安排人员通知驻站公安人员。如果有人员受伤，立即拨打 120。 报告值班站长，视情况通知车站各岗位工作人员。 发生群体持械斗殴及有人员受伤的其他治安或刑事案件时，立即报告行车调度员。 车站票、款被劫时，报告行车调度员、票务室。 接到本站已动车的列车内发生斗殴事件报告时，立即向行车调度员报告并通知前方站
	车站广播：执行车站疏散程序时，立即使用车站广播通知乘客疏散，远离事发区域
	获取现场录像资料：调整闭路电视监控系统（CCTV）、安防系统设备，尽可能获取现场录像资料
值班站长	现场应急处理： 发生抢劫事件时，在保证自身安全的前提下，应组织堵截作案人员，疏散围观群众。如果作案人员已逃逸，积极寻找证人，协助当事人报案。 发生斗殴事件时，如果事件涉及人数较多或当事人持有刀具、枪械、爆炸物等，立即执行车站疏散应急处置方案。 通知车站各岗位工作人员注意自身安全。 通知售票员注意保管车站票、款。 确认是否有乘客受伤，如果有，应转移至安全地点，等待 120 急救人员或自行组织送往医院
	后续工作： 公安人员到场后，根据其要求，配合相关工作，遇到超越本职权限事宜时，立即报告。 公安人员需调用车站录像资料时，积极配合，立即协助其按有关规定办理手续。 组织隔离物证区域。 配合 120 急救人员工作，为其提供方便。 车站票、款被劫时，组织客运值班员与票务室清点损失并做好记录
行车调度员	事件报告：接到报告后，立即向值班主任报告
	列车调整：确认车站现场混乱时，立即组织后续列车不停站通过，并通知前方车站做好乘客服务工作。如果事件发生在停站列车上，应立即扣停后续列车
值班主任	启动预案：宣布启动应急处理预案
	信息通报：发生斗殴或有人员受伤时，立即向分公司领导进行电话口头汇报，发布事件信息。同时检查行车调度员应急处理措施执行情况
	获取现场信息：立即使用闭路电视监控系统（CCTV）、安防系统获取现场图像

负责人	岗位职责
司机	接到行车调度员“不停站通过”命令时，做好乘客广播通知工作。进站时，如果发现站台秩序混乱，立即转换驾驶模式，执行不停站通过命令，并向行车调度员报告，做好乘客广播通知工作
	停站列车发生斗殴事件时，凭站台站务员显示的“好了”信号动车
客运值班员	接到车站票、款被劫时，立即安排人员完成车站票、款的清查

任务活动 3　危险化学物品泄漏（含毒气袭击）事件的应急处理

危险化学物品泄漏（含毒气袭击）事件的应急处理主要包含人员安全保障、撤离人员隔离、调整环境控制、行车安排等步骤。处理流程见图 4-4。

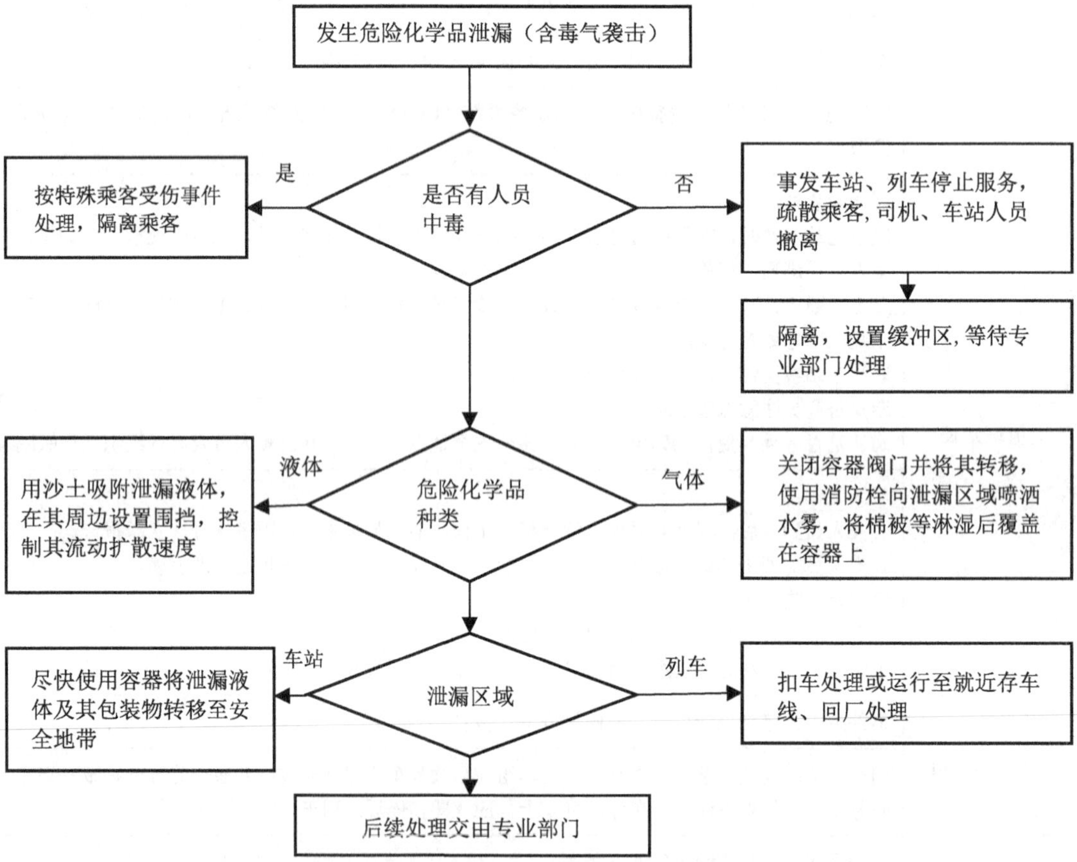

图 4-4　危险化学物品泄漏（含毒气袭击）事件的应急处理流程

人员安全保障：事发车站、列车立即停止服务，组织疏散乘客，通知司机、车站人员（站务人员、驻站维修人员、保安人员、保洁人员、商铺人员等）撤离。

撤离人员隔离：怀疑为化学毒剂袭击时，将疏散到站外安全地点的乘客及车站员工进行隔离，设置缓冲区，等待专业部门处理。

调整环境控制：调整隧道通风、列车空调运行模式和机电设备运行状态。

行车安排：事发列车扣车，组织列车小交路运行。

三、策略深学

1. 危险化学品

危险化学品是指爆炸品、压缩气体和液化气体、易燃液体、易燃固体、自燃物品和遇湿易燃物品、氧化剂和有机过氧化物、有毒品和腐蚀品等。常见的有：酒精、油漆、汽油、煤油、柴油、丙酮、苯、氯乙烯、液氯、二氧化硫、氟化氢、氰化物、农药杀虫剂等。

2. 车站或列车上发生抢劫、斗殴等严重治安或刑事案件时的应急处理原则

① 立即拨打 110，通知驻站公安人员。

② 公安人员需调用车站录像资料时，积极配合，立即协助其按有关规定办理手续。

③ 如果有人员受伤时，立即拨打 120。如乘客受伤时，可自行组织送往医院，但原则上不垫付医疗费用。

④ 车站票、款被劫时，须通知票务室。

⑤ 隔离现场物证区域。

⑥ 在车站里发生抢劫事件时，在保证自身安全的前提下，应组织堵截作案人员，疏散围观群众。如果作案人员已逃逸，则积极寻找证人，协助当事人报案。发生斗殴事件时，如果事件涉及人数较多或当事人持有刀具、枪械、爆炸物等，立即执行车站疏散应急处置方案，列车不停站通过。

⑦ 在列车上发生时，司机在得知事件信息后，立即通知乘客远离事发车厢；车站得知事件信息后，须立即通知驻站公安人员，组织保安人员到站台值守；列车到站后，如果发现人群骚动情况异常时，立即查明原因。

3. 车站或列车上发生危险化学物品泄漏（含毒气袭击）事件的应急处理原则

① 须加强禁止携带“三品”进站乘车的宣传，如果发现乘客携带带有危险货物标志的物品时，立即制止其进站乘车；如果发现乘客已上车，则立即向行车调度员和前方站报告。

② 发现乘客携带的液体或气体泄漏时，在可能情况下尽快确认携带者，寻找泄漏物的包装物，尽可能确认泄漏物性质。

③ 发现易燃易爆物品时，立即向 110 报告，通知驻站公安人员。发生少量泄漏且未发生人员中毒时，向所在市公安局公交分局报告，通知驻站公安人员。发生人员中毒、危险化学物品大量泄漏时，立即拨打 110、120，向所在市安监局、所在市交通运输指挥中心报告，通知驻站公安人员。

④ 车站环境控制、隧道通风、列车空调运行模式和机电设备运行状态选择。不明原

因的人员中毒/怀疑为毒气（化学毒剂）袭击事件发生在车站时，立即停止该车站的大系统及隧道通风系统运行，同时停止相邻两个车站的隧道通风系统运行。上述情况发生在列车上时，在列车到站后，停止该车站的大系统及隧道通风系统运行，司机立即关闭列车空调，乘客疏散完毕后，立即关闭车门。在没有证实气体的性质之前不能随便向外界排风。发生液体或气体泄漏，能确认液体或气体性质时，视泄漏量、发生地点、物质性质等具体情况选择车站环境控制、隧道通风、列车空调运行模式和机电设备运行状态。如果易燃液体、气体大量泄漏时，保持机电设备运行状态，防止意外火花引起爆炸。

⑤ 人员中毒判断。发现危险化学物品泄漏或不明原因导致群体性人员出现呼吸困难、咳嗽、呕吐等症状，眼睛或皮肤感到刺痛、灼烧等不适时，可判断为人员中毒。

⑥ 处理中安全注意事项：处理易燃液体、气体大量泄漏时，禁止在泄漏点和扩散核心区携带对讲机、手机等电子设备，禁止穿着带有铁钉的鞋和化纤类服装；使用铁器类工具时注意不要磕碰地面、设备。

⑦ 发生火灾、爆炸时，按相应的火灾、爆炸应急处理程序处理。

四、测验提学

【判断题】

① 车站发生有毒气体泄漏事件，其应急处置程序的第一步是疏散乘客并关站，打开通风系统。（ ）

② 处理生化恐怖袭击事件时，现场主要由值班站长负责指挥。（ ）

③ 处理爆炸恐怖袭击事件时，如有必要，在临站实行扣车。（ ）

④ 处理爆炸恐怖袭击事件时，行车值班员负责保护现场。（ ）

任务3　车站公共安全事件的应急处理模拟实训

城市轨道交通客流大、客流集中，尽管大部分城市已实现进站安检，但仍有可能出现乘客携带违禁品进站乘车的情况。由于车站内、列车上乘客多，一旦发生燃烧、爆炸等事件，将会造成极大的人身伤害和财产损失，严重影响行车安全。即便违禁品处于可控状态下，也极易造成乘客恐慌，甚至造成踩踏事件。因此，城市轨道交通应采取完善的措施杜绝违禁品进站。同时，也应针对可疑物品处理进行有效的应急演练。

根据本任务内容，以小组为单位开展处置列车上可疑物品的实训演练，即当在列车上发现可疑物品后，采取应急预案，疏散乘客，联系公安部门处置可疑物品，尽快恢复城市轨道交通的正常运营。

一、任务分工

演练角色设置：建议每小组学员8人左右。每个小组设置一名观察兼监督员，负责记录学员演练情况。司机、行车值班员、客运值班员、值班站长、巡视岗位工作人员等工作岗位各设一名工作人员，并设置两名乘客。

教师负责演练实施过程的指挥控制，提醒学员按照流程演练，并对每位学员的演练过程进行评估。实训学员扮演不同的角色，完成现场演练要求的各项任务，相互监督、相互提出改进意见。学员自己负责对演练流程的组织和相关信息的组织。

二、工具准备

电话、对讲机、模拟车站、模拟列车等。

二、方案 / 程序实施

演练过程围绕下列主题开展：

① 现场信息汇报。

② 人员安排。

③ 组织乘客疏散。

四、模拟检查

在任务的模拟演练过程中，依据表4-3完成公共安全事件应急处理模拟实训的过程评价。

表4-3 公共安全事件应急处理的模拟实训的过程评价

<table>
<tr><td>实训任务</td><td colspan="3">列车上发现可疑物品的处理</td></tr>
<tr><td>任务说明</td><td colspan="3">列车上发现可疑物品，汇报信息，联系公安，疏散乘客</td></tr>
<tr><td>班级</td><td></td><td>姓名</td><td></td></tr>
<tr><td>学习小组</td><td></td><td>考核时间</td><td></td></tr>
<tr><td colspan="4">考核目标</td></tr>
<tr><td colspan="4">1. 发现列车上有可疑物品后，能按照流程汇报信息。
2. 能安抚乘客，组织乘客疏散。
3. 掌握各工作岗位职责。
4. 能与公安等部门协作，共同处置可疑物品</td></tr>
<tr><td colspan="4">考核内容</td></tr>
<tr><td>考核项目</td><td>考核细则</td><td>分值</td><td>得分</td></tr>
<tr><td>司机职责</td><td>收到车厢乘客利用报警按钮（DAB）的报警后，通过司机对讲设备向现场乘客了解情况</td><td>5</td><td></td></tr>
</table>

（续表）

司机职责	将相关情况报告行车调度员	4	
	运行到前方站后，通知车站派人到现场确认	4	
	确认列车上有可疑物品后，报告行车调度员，协助车站处理	4	
	播放清客广播，协助车站清客	4	
	确认清客完毕后，报告行车调度员，配合值班站长处理	4	
行车值班员职责	接到行车调度员或乘客报警信息后，通知巡视岗工作人员赶到站台列车上确认	5	
	初步确认为可疑物品后，报告行车调度员、驻站公安人员，通知邻站	5	
	接到值班站长对站台进行清客的通知后，播放清客广播	4	
	接到值班站长封站的通知后，疏散站内乘客，疏散完后报告行车调度员	4	
	接到恢复正常运营的通知后，报告行车调度员，通知各岗位人员	4	
值班站长职责	持对讲机赶到现场，确认为可疑物品后，组织人员隔离现场，疏散车厢内的乘客，通知车站控制室和司机，组织对站台清客	6	
	公安人员到场后，配合公安人员处理，与行车调度员、车站控制室进行信息反馈，控制进站的客流	5	
	关闭民用通信信号（如现场公安人员要求），报告行车调度员后立即执行，并将执行结果报告行车调度员	4	
	清客封站，安排在出入口张贴服务告示，配合公安人员处理	4	
	公安人员处理完毕后，与司机、公安人员共同确认可恢复正常运营时，组织恢复，并报告行车调度员	6	
客运值班员职责	接到信息后，马上到现场协助值班站长处理	6	
	将巡视岗人员挽留的证人移交公安部门	4	
巡视岗人员职责	接到列车上乘客报警信息后，赶到站台列车上进行确认	4	
	确认为可疑物品后，报告车站控制室，并通知司机，疏散现场人员，并挽留现场目击乘客	6	
	接到值班站长清客的通知后，协助清客	4	
	协助值班站长现场处理	4	
总评成绩			

（续表）

任务完成人签字：   日期：　　年　月　日
指导教师签字：   日期：　　年　月　日

五、评价

在完成模拟实训后，依据表 4-4 完成公共安全事件应急处理模拟实训的总结评价。

表 4-4　公共安全事件应急处理模拟实训总结评价表

<table>
<tr><td colspan="5">模拟实训：列车上发现可疑物品的处理</td></tr>
<tr><td colspan="3">考核内容</td><td>分值</td><td>考核得分</td></tr>
<tr><td colspan="3">1. 实训方案的准备情况</td><td>30</td><td></td></tr>
<tr><td colspan="3">2. 实训过程考核</td><td>40</td><td></td></tr>
<tr><td colspan="3">3. 对实训遇到问题的解决情况</td><td>20</td><td></td></tr>
<tr><td colspan="3">4. 课堂表现及职业素养</td><td>10</td><td></td></tr>
<tr><td colspan="5">总体评价</td></tr>
<tr><td>教师评价</td><td>小组评价（组间、组内互评）</td><td>个人自评</td><td>学生姓名</td><td></td></tr>
<tr><td></td><td></td><td></td><td>分数</td><td></td></tr>
</table>

阅读拓学

北京：地铁站有了 AED，用它救人你会吗

——四步学会操作 AED

AED 又叫自动体外除颤仪，是一种安全有效的抢救仪器，它能够自动监测心率，在必要时通过电击让心跳恢复正常，具有心肺复苏无法替代的功能，可极大提高心脏骤停患者的存活率。

AED 操作起来很简单，记住四步即可。

第一步，开机。打开电源开关，按下电源开关或掀开显示器的盖子，仪器发出语音提示，指导操作者进行下一步操作。

第二步，贴电极片。开机之后可以看到 AED 里面有电极片，将电极片贴到患者的胸壁上，一定要注意不能有衣物的遮挡，如果患者的体毛较多影响接触，则应刮去体毛，把电极片直接贴在患者胸前皮肤上。电极片如何贴，不同型号的 AED 会有具体提示，使用者一看就明白。例如，有的仪器要求一个电极放在患者右上胸壁，另一个放在左乳头外侧。在贴电极片时，尽量减少心肺复苏的按压中断时间。

第三步，等分析。将电极片导线插入 AED 主机，AED 会自动分析患者是否需要进行电除颤，时间需要 5 ～ 15 秒。期间不能去触碰患者，以免影响分析结果。

第四步，听除颤提示。AED 分析完毕后，如果患者发生室颤，仪器会通过声音报警或图形报警提示。确定无人接触患者后，按下“电击”键。电击时，患者会出现突然抽搐。如果不需要除颤，AED 不会作出提示。即便我们错误地点击了除颤键，仪器也不会放电，所以 AED 是一个安全的抢救仪器。

项目小结

请依据本项目的学习与实践，填写表 4-5，完成本项目的总结提升。

表 4-5　项目小结

教学提纲		主要内容简述
一级	二级	
认识车站公共安全事件	类型	
	特点	
	可疑物品处理办法	
车站公共安全事件的应急处理	炸弹、不明气体或物体恐吓（袭击）事件的应急处理	
	发生抢劫、斗殴等严重治安或刑事案件时的应急处理	
	危险化学物品泄漏（含毒气袭击）事件的应急处理	

评价量规

请结合本项目各任务的学习和实践情况，完成项目的总体评价，并将评价结果填写在表 4-6 中。

表 4-6 评价量规

课程名称：				所属专业：						
姓名：		学号：			班级：			组别：		
填表人：						填表日期：				
评价指标（总分 100 分）		权重	等级说明					评价主体			
一级指标	二级指标		优秀（100 ～ 90 分）	良好（90 ～ 80 分）	中等（80 ～ 70 分）	合格（70 ～ 60 分）	不合格（60 ～ 0 分）	学生自评	组内互评	组间互评	教师总评
专业能力 40%	正确度	0.2									
	规范度	0.2									
学习能力 20%	参与度	0.1									
	合作度	0.1									
职业素养 20%	责任度	0.1									
	坚韧度	0.1									
工匠素养 20%	精益度	0.1									
	善为度	0.1									
总计：											

注：
1. 该表的满分为 100 分。
2. 每项平均分标准按优秀、良好、中等、合格、不合格五个等级评分。
3. 每个指标小计得分 =［学生自评 ×30%+（组内互评 + 组间互评）÷2×30%+ 教师总评 ×40%］× 权重。
4. 各项指标小计得分总和即为该学生总得分。
5. 本量规表适用于学生自评、组内互评、组间互评和教师总评

项目 5
道岔故障的应急处理

案例导学

2013 年 5 月 18 日 3 时 46 分，北京地铁公主坟站行车值班员发现本车站的 5 号道岔出现故障，该道岔无法打到反位。4 时 22 分，维修人员进入车站控制室登记后，要求单操试验 5 号道岔。维修人员观察到 5 号道岔电流表有动作，但反位没有位置表示，维修人员进入轨道区间调整，在调整 5 号道岔至反位时，由于技术能力有限，列车自动监控系统显示异常，致使道岔失去定位表示，维修人员反复调整该道岔，仍未能将道岔调整至正常。通信信号分公司抢修人员到位后，为尽快恢复正线运营，决定先调整 5 号道岔至定位且尖轨密贴。5 时 39 分重新调整 5 号道岔至定位且尖轨密贴后，行车调度员通知行车部门让列车先通过，再调整道岔表示。直至 5 月 18 日晚，公主坟 5 号道岔恢复正常表示状态。此次事故造成 4 辆列车晚点 5 分钟以上，1 辆列车中途清客折返，并加开 1 辆临时列车。

导致此事故的原因是多方面的。直接原因是 5 号道岔表示异常，导致调整 5 号道岔至反位时没有位置表示；间接原因有四个：一是，维修人员技术能力有限、没有及时判断出道岔表示故障，对道岔的密贴、表示状态的调整不当，导致故障影响扩大；二是，执行相应应急抢险预案不到位；三是，员工对“运营第一”认识不到位，对应急抢险预案执行不到位；四是，故障处理过程中反映出员工应急处理能力有限，对故障处理时间过长。

学习目标

1. 知识目标

① 了解道岔的概念和道岔的结构组成。

② 掌握道岔的定位、反位的概念和判断方法。

③ 会分析道岔故障出现的原因。

2. 能力目标

① 能根据道岔故障现象判断道岔故障出现的原因。

② 能根据道岔出现故障时的不同情况采用正确的处置方法。

③ 能够画出道岔故障处置流程图。

3. 素养目标

① 通过分析道岔故障出现的原因，锻炼推理能力和判断能力。

② 通过小组合作和角色扮演，培养团队合作意识和责任意识。

③ 通过虚拟仿真和实战演练，提高应急、应变能力。

项目框架

道岔故障的应急处理项目共分 3 个任务，如图 5-1 所示。

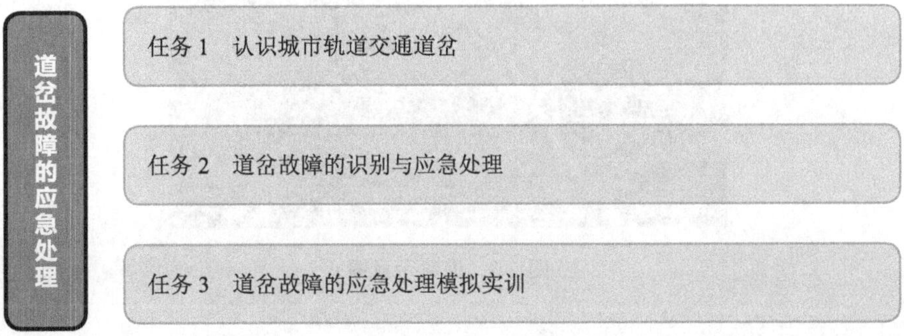

图 5-1 项目框架图

任务 1 认识城市轨道交通道岔

一、情境激学

道岔是一种使机车车辆从一股道转入或越过另一股道的线路连接设备，是直接关系行车安全的关键设备。

通过学习城市轨道交通道岔基础知识，我们会了解道岔的概念、分类，掌握道岔的结构和工作原理、道岔的定位与反位的判断方法，了解转辙装置的结构与作用，为处理工作中遇到的道岔故障做好知识储备。

二、知识链学

认识城市轨道交通道岔要完成 4 个领域知识的学习，如图 5-2 所示。

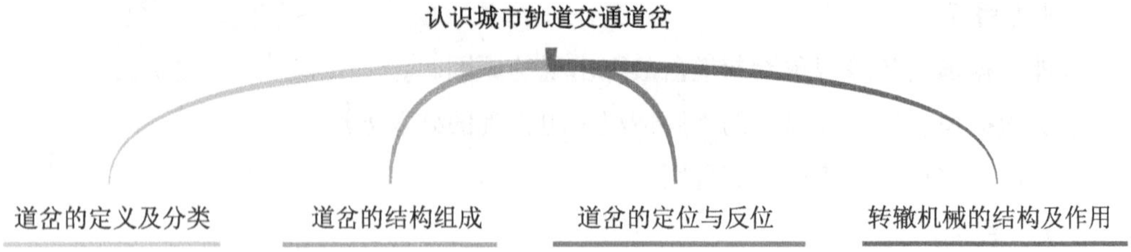

图 5-2　知识链学框架图

领域知识 1　道岔的定义及分类

道岔（见图 5-3）是机车车辆从一股道转入或越过另一股道的线路连接设备，是轨道的重要组成部分，也是轨道的薄弱环节之一。

图 5-3　道岔示意图

道岔按用途及平面形状，分为单开道岔、对称道岔、三开道岔、交叉道岔四种。其中单开道岔将一条线路分为两条，主线为直线方向，侧线从主线向左侧或右侧岔出，城市轨道交通线路连接中多采用此类道岔。

领域知识 2　道岔的结构组成

道岔由转辙装置部分、辙叉及护轨部分和连接部分等组成，图 5-4 为普通单开道岔的组成。其中，转辙装置部分由基本轨、尖轨、转辙器、转辙机械等组成。辙叉及护轨部分由辙叉心、翼轨、护轨等组成。连接部分由导曲线轨和基本轨组成，连接部分将转辙装置部分、辙叉及护轨部分连成一组完整的道岔。

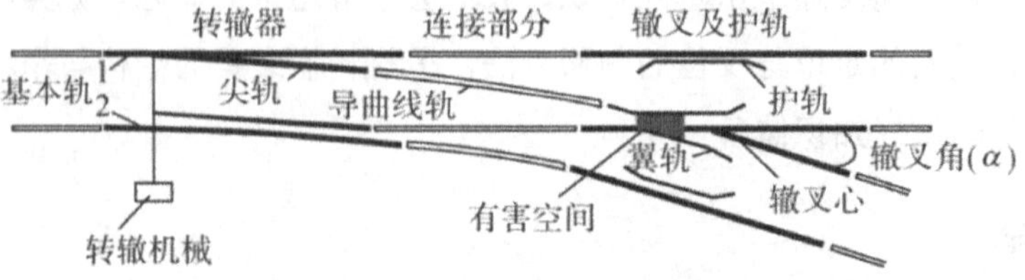

图 5-4　普通单开道岔的组成

【知识链接】道岔号数及通过速度

辙叉心两侧作用边之间的夹角称为辙叉角，其交点称为辙叉理论中心（理论尖端）。由于制造工艺原因，实际上辙叉尖端的宽度有 6mm ～ 10mm，称辙叉实际尖端。道岔号数代表道岔各部分的主要尺寸，人们习惯上用辙叉角（α）的余切函数表示。由于余切函数是反比例函数，所以辙叉角越大，道岔号数越小，如表 5-1 所示。

表 5-1　道岔号数与辙叉角的关系

道岔号数	6	7	9	12	18	24
辙叉角	9°27′44″	8°07′48″	6°02′5″	4°45′9″	3°10′47″	2°23′09″

领域知识 3　道岔的定位与反位

道岔的定位是指面向尖轨，道岔开通左侧股时的位置，如图 5-5 所示；道岔的反位是指面向尖轨，道岔开通右侧股时的位置，如图 5-6 所示。

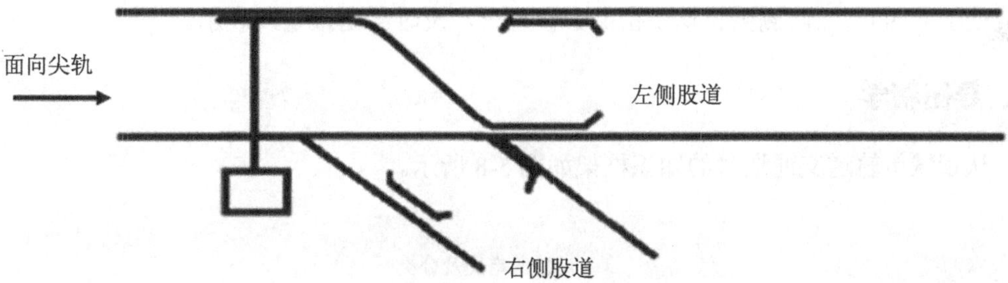

图 5-5　道岔定位示意图

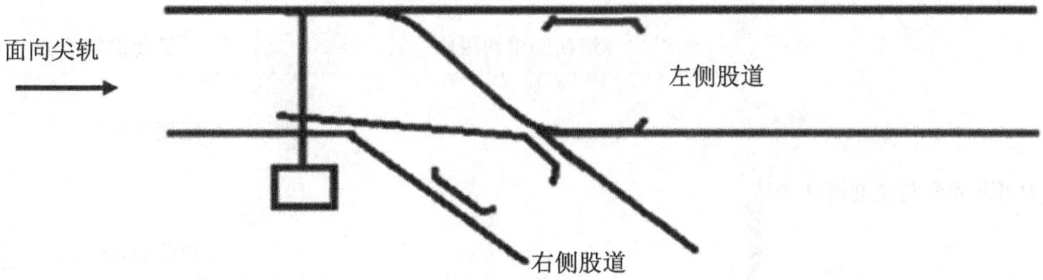

图 5-6　道岔反位示意图

领域知识 4　转辙机械的结构及作用

转辙机械包括转辙机、外锁闭装置、各类杆件和安装装置，它们共同完成道岔的转换和锁闭。转辙机的内部结构实体图如图 5-7 所示。

图 5-7　转辙机内部结构实体图

转辙机具有四个方面的作用：一是，转换道岔的位置，根据需要将道岔转换至定位或反位；二是，道岔转至所需位置且密贴后，实现锁闭，防止外力转换道岔；三是，正确地反映道岔的实际位置，道岔的尖轨密贴于基本轨后，给出相应的表示；四是，道岔被挤或因故处于“四开”（两侧尖轨均不密贴）位置时，及时给出报警及表示。

三、导图精学

认识城市轨道交通道岔的知识框架如图 5-8 所示。

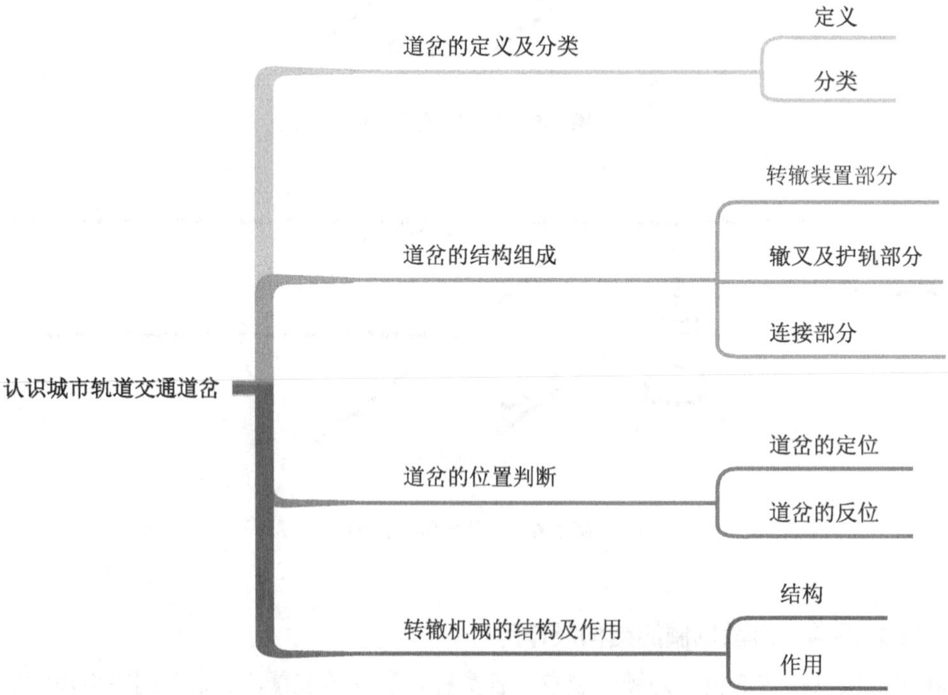

图 5-8　认识城市轨道交通道岔的知识框架

四、测验题学

【单选题】

1. 以下关于道岔的定义中，正确的是（　）。

A. 一种连接设备，用于将车辆从一股道转入另一股道

B. 一种连接设备，用于将车辆从一个轨道转入另一个轨道

C. 一种轨道设备，用于控制车辆在轨道上的方向

D. 一种轨道设备，用于控制车辆在轨道上的速度

2. 道岔按用途及平面形状可以分为（　）。

A. 单开道岔、对称道岔、三开道岔、交叉分岔

B. 单开道岔、双开道岔、三开道岔、交叉道岔

C. 单开道岔、对称道岔、交叉道岔、交叉分岔

D. 单开道岔、对称道岔、三开道岔、交叉道岔

3. 组成普通单开道岔的部分有（　）。

A. 尖轨、基本轨、辙叉及叉心部分

B. 转辙装置部分、基本轨、辙叉及叉心部分

C. 转辙装置部分、辙叉及护轨部分、连接部分

D. 导轨、基本轨、辙叉及叉心部分

4. 道岔的定位与反位是通过（　）来判断的。

A. 根据道岔的位置来判断。面向尖轨，道岔开通左侧股时是定位，道岔开通右侧股时是反位

B. 根据道岔的颜色来判断。蓝色代表定位，红色代表反位

C. 根据道岔的形状来判断。直线形状代表定位，曲线形状代表反位

D. 以上说法都不准确

【判断题】

1. 道岔的定位是指面向基本轨，道岔开通左侧股时的位置；反位是指面向基本轨，道岔开通右侧股时的位置。（　）

2. 在城市轨道交通中，转辙装置的主要作用是转换道岔的位置。（　）

3. 道岔的定位和反位是根据尖轨的位置来确定的。（　）

任务 2　道岔故障的识别与应急处理

一、情境激学

道岔设备作为一种主要的信号设备，在城市轨道交通信号系统中占有重要位置，道岔故障发生时，整条线路的运营秩序都会受到影响。作为未来城市轨道交通运营服务的工作人员，你能否准确判断道岔故障？能否在出现出站线、折返线道岔故障时正确地应急处理？

通过探究城市轨道交通道岔故障表示及应急处理的相关知识，我们将学会识别道岔故障的现象、判断道岔发生故障时的情景；掌握道岔故障的应急处理办法，能准确分析道岔出现故障的原因，处理出站线道岔故障和折返线道岔故障，为今后维护列车运营效率做好知识与技能的储备。

二、任务践学

任务活动 1　道岔故障发生情景的判断

1. 道岔故障发生的时段

道岔故障发生的时段分为运营期间和非运营期间，前者为运行图规定载客运营时段，后者为当天运营结束至第二天开始载客运营之间的时段。

2. 道岔故障发生的地点

① 折返站：一般为该运营线的终点站，设有折返线可供列车全部折返和临时停留检修的车站。

② 中间站：仅供乘客上下车之用的车站，功能单一，是地铁路网中数量最多的车站。

③ 分界站：有分叉运营线路的线路交汇站。

3. 道岔故障发生时的背景

① 无车占用：进路未建立或建立后列车未占用时。

② 有车占用：进路建立后，列车运行至道岔区域发生故障时。

4. 道岔的操作

① 道岔故障情况下的操作：现场手摇、人工锁闭。

② 道岔正常情况下的操作：遥控操纵、电气锁闭。

任务活动 2　道岔故障信号识别与应急处理

道岔出现故障时，一般在人机显示单元（MMI）和现场操作工作站（LOW）上可能显示 4 种故障信号：道岔短闪、道岔长闪、道岔灰显、道岔区段红光带，其对应的故障类型如表 5-2 所示。

表 5-2 道岔故障现象识别

故障信号	故障类型
道岔短闪	道岔转不到位故障
道岔长闪	道岔挤岔故障
道岔灰显	道岔状态无显示故障
道岔区段红光带	道岔区段物理占用（隶属轨道电路红光带）故障

【知识链接】

道岔故障主要表现为道岔失去正常的定反位表示和道岔转不到位。道岔失去正常的定反位表示时，从设备上无法保证道岔的尖轨和基本轨处于密贴状态，从而无法保证列车的安全运行，因此需要采用人工对道岔加锁的手段来保证列车运行的安全。发生道岔转不到位情况时，行车调度员或车站值班员要取消已排列进路，来回转动道岔数次，故障可能消失；如果故障未消失，则需要采取人工对道岔加锁的方法排除故障。

道岔短闪、道岔长闪、道岔灰显故障信号常见于单个道岔的故障，其处置方法如下：

① 道岔转不到位故障（道岔短闪）：通常情况下，在信号设备上多次操作“转换道岔”命令可以恢复正常。如果道岔的一个位置发生短闪故障，另一个位置可用时，可使用状态良好的位置组织行车，确定必须使用故障位置组织行车时，工作人员需要到轨行区人工手摇道岔。

② 道岔挤岔故障（道岔长闪）：通过远程操作“挤岔恢复”命令恢复。

③ 道岔状态无显示故障（道岔灰显）：道岔与监控设备的联系中断，开通位置信息不明确，需工作人员到现场确认道岔开通的位置。如果开通位置不正确，需现场人员人工手摇道岔至所需位置并加钩锁器，待线路出清后列车方能通行。

道岔故障信号的显示方式及对应的处理方法如图 5-9 所示。

【知识链接】

根据对运营工作影响的大小和应急处理方法的不同，一般把道岔故障的应急处理方法分为出站线道岔故障应急处理和折返线道岔故障应急处理。

任务活动 3 出站线道岔故障应急处理

当出站线道岔出现故障时，行车调度员会要求车站将故障道岔开通定位并加锁，如果故障道岔原来就在定位位置，则确认后加锁，以保证列车在正线的运行。

根据道岔和站台的位置关系，出站线道岔故障的处理方法分成两种情况。

第一种情况：列车在进站前突发道岔故障，如图 5-10 的左图所示，行车调度员会命令司机停车待命，随后将现场操作工作站（LOW）的控制权下放给行车值班员，行车值班员派遣站务人员到现场把故障道岔的电动转辙机手摇转换到定位，并用钩锁器锁闭道岔。进路准备完毕后，由行车调度员指挥受影响列车的司机以受限人工驾驶模式（RM）谨慎驾驶，通过故障区域，到达车站并上下客后恢复正常行驶。

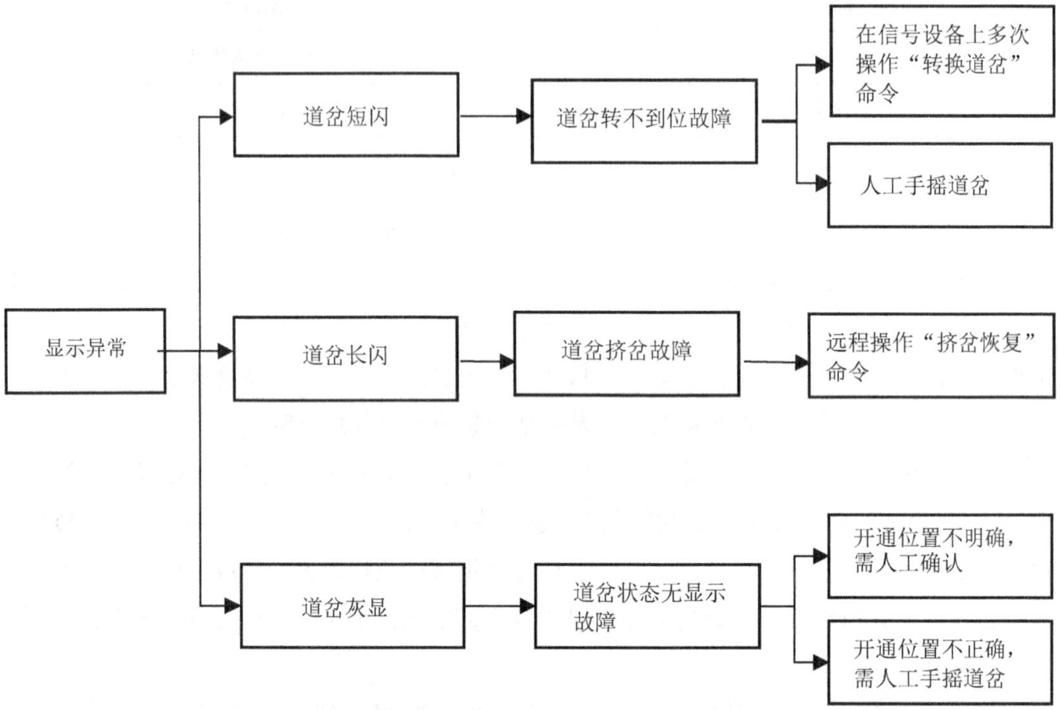

图 5-9　道岔故障信号的显示方式及处理方法

第二种情况：列车从车站出发前突发道岔故障，如图 5-10 的右图所示，行车调度员会命令司机在站台停车待命，随后将现场操作工作站（LOW）控制权下放给行车值班员，行车值班员派遣站务人员到现场把故障道岔的电动转辙机手摇转换到定位，并用钩锁器锁闭道岔。进路准备完毕后，由行车调度员指挥受影响列车的司机以受限人工驾驶模式（RM）从车站发车，通过故障区域后恢复正常行驶。

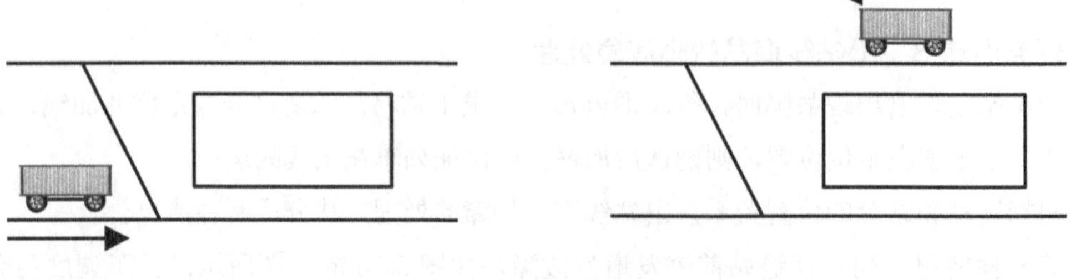

图 5-10　出站线道岔故障示意图

出站线道岔故障应急处理的流程如图 5-11 所示。

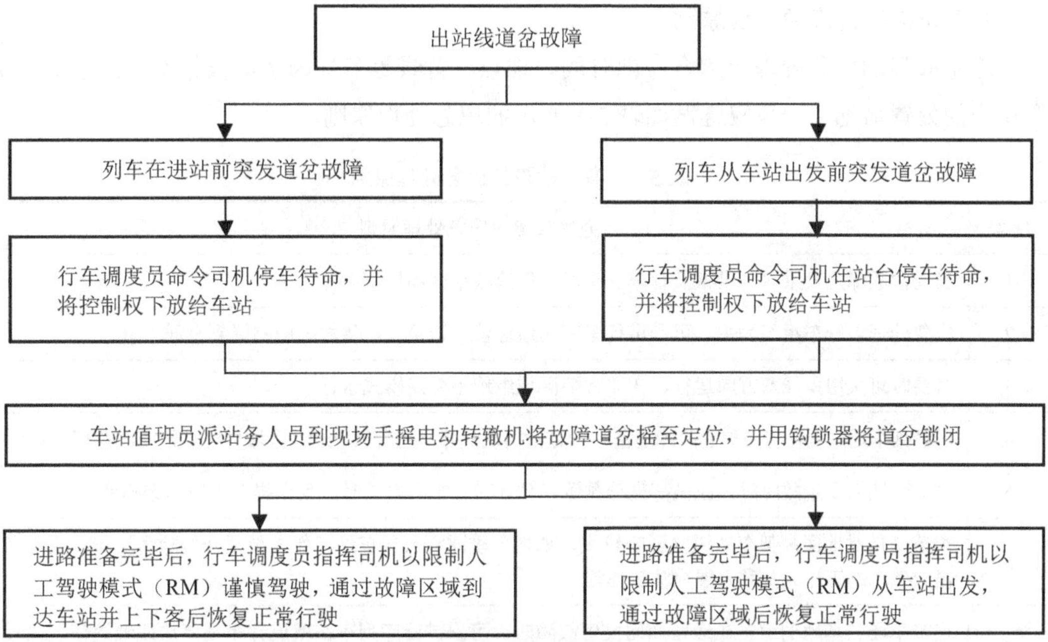
出站线道岔故障
列车在进站前突发道岔故障
列车从车站出发前突发道岔故障
行车调度员命令司机停车待命，并将控制权下放给车站
行车调度员命令司机在站台停车待命，并将控制权下放给车站
车站值班员派站务人员到现场手摇电动转辙机将故障道岔摇至定位，并用钩锁器将道岔锁闭
进路准备完毕后，行车调度员指挥司机以限制人工驾驶模式（RM）谨慎驾驶，通过故障区域到达车站并上下客后恢复正常行驶
进路准备完毕后，行车调度员指挥司机以限制人工驾驶模式（RM）从车站出发，通过故障区域后恢复正常行驶

图 5-11　出站线道岔故障应急处理的流程

任务活动 4　折返线道岔故障应急处理

当折返线道岔出现故障时，行车调度员会根据“先变更进路、后人工加锁”的方法进行处理。

对于能选择变更进路办理列车折返的情况，尽量不采用对道岔人工加锁的方法，以节约时间。如图 5-12 所示，如果 2 号道岔定位无表示而反位表示正常，则行车调度员会选择将 2 号道岔固定在反位，利用折 1 道办理列车折返。如果 2 号或 3 号道岔中的一个无表示，行车调度员须命令维修人员抢修，同时办理列车折返，折返使用的是另一条不受故障影响的折返线。

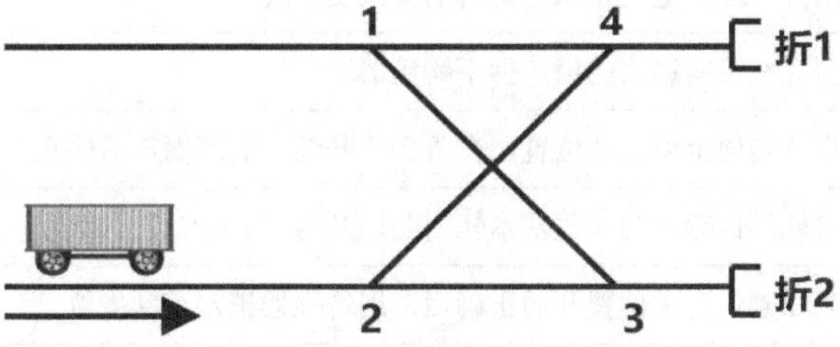
1
4
折1
2
3
折2

图 5-12　折返线道岔故障示意图

三、策略深学

1. 道岔故障的应急处理原则

道岔故障的应急处理应综合考虑时间、地点、背景等多种因素，根据不同的情况，采取相应的处置措施，一般应遵循如表 5-3 所示的应急处理原则。

表 5-3　道岔故障的应急处理原则

序号	道岔故障的应急处理原则
1	当道岔故障危及乘客、设备及行车安全时，以抢救乘客和抢修设备为主
2	应急处理以行车组织为主，可利用行车间隔边运营，边抢修，将故障影响降到最低
3	必要时可采用单线双方向运行，在非故障区域组织小交路模式运行
4	严禁列车通过无任何防护的故障道岔。若道岔出现故障，列车位于道岔区域内时，则应严禁列车动车
5	非运营期间发生故障时，应做好充分预测。预计对行车有影响时，列车提前出库，选择变更进路
6	季节变化对地面高架车站道岔影响较大，如遇冬季冰雪天气车站工作人员须开展除雪工作，夏季高温天气车站工作人员须开展涂油工作等
7	连接车场、基地的道岔在运营期间发生故障时，可安排回库列车在就近存车线停放或继续在正线载客运营，降低人工办理进路对运营秩序的影响
8	发生道岔故障，在人工办理进路前，行车调度员须与现场确认故障道岔开通位置，位置正确，可直接加钩锁器，合理安排折返进路，提高人工办理进路的效率
9	当折返站所有道岔均故障时，行车调度员可向司机及车站发令，固定进路折返，司机凭车站工作人员的手信号折返

2. 人工手摇道岔“六部曲”

车站站务员执行行车值班员的命令手摇道岔时，必须双人作业，并且严格执行一看、二开、三摇、四确认、五加锁、六汇报的“六部曲”要求。每一步的含义如表 5-4 所示。

表 5-4　人工手摇道岔“六部曲”

一看	看道岔开通位置是否正确，是否需要改变位置
二开	打开盖孔板及钩锁器的锁，拆下钩锁器
三摇	手摇道岔转向至所需的位置，在听到“咔嚓”的落槽声后停止
四确认	手指尖轨，口呼“尖轨与基本轨密贴，开通定 / 反位”并和另一人共同确认
五加锁	另一人在确认道岔位置开通正确后，用钩锁器锁定道岔尖轨
六汇报	向车站控制室汇报道岔开通位置正确，人员、工具、设备出清至安全区域

四、项目测验

【单选题】

1. 以下操作属于道岔出现故障时的操作是（ ）。

A. 现场手摇、电气锁闭

B. 遥控操纵、电气锁闭

C. 现场手摇、人工锁闭

D. 遥控操纵、人工锁闭

2. 当列车对向通过道岔时，如果道岔位置错误会导致（ ）。

A. 脱轨

B. 挤岔

C. 走错方向

D. 以上都不对

3. 转辙机手摇到位，听到锁闭声后，道岔处于（ ）状态。

A. 预先锁闭

B. 引导锁闭

C. 完全锁闭

D. 机械锁闭

4. 在进行道岔保养时，（ ）之间留有约两指宽间隙。

A. 道岔连接杆与尖轨

B. 道岔连接杆与道床

C. 尖轨与道床

D. 道岔连接杆与信号灯

5. 下列关于道岔的描述，错误的是（ ）

A. 可采用集中控制或现场手摇的方式转换道岔位置

B. 设备正常时，可通过信号控制台的显示判断道岔位置

C. 道岔与进路和信号之间有相互制约的联锁关系

D. 道岔尖轨与基本轨密贴，表示道岔已处于锁闭状态

【判断题】

1. 道岔短闪是发生道岔挤岔故障。（ ）

2. 尖轨与基本轨密贴的判断依据是听到“咔嚓”声。（ ）

3. 根据对运营工作影响的大小和应急处理方法的不同，一般把道岔故障的应急处理方法分为站线道岔故障应急处理和车辆段道岔故障应急处理。（ ）

4. 当站线道岔故障时，行车调度员会要求车站将故障道岔开通定位并加锁，如果故障道岔原来就在定位，则确认后加锁，以保证列车在正线的运行。（ ）

5. 手摇道岔“六部曲”是一看、二开、三摇、四确认、五加锁、六汇报。（ ）

任务3 道岔故障的应急处理模拟实训

某日下午，0601次司机在富天口站Ⅱ道折返，关好车门和屏蔽门后，发现列车收不到速度码。司机询问行车调度员原因，行车调度员说是由于P40104道岔信号故障。作为未来城市轨道交通运营服务的工作人员，你是否知道在发生道岔故障时应该如何应急处理呢？

本任务将进行道岔故障的应急处理模拟实训。在实训后，我们将能精准开展道岔故障应急处理，并提高自己在遇到突发情况时的应急、应变能力。请各小组在运营实训中心，按职业岗位角色分工合作，模拟演练道岔出现故障后的应急处理过程。

一、任务分工

1. 以小组为单位开展现场实训演练。

2. 演练过程中，演练活动的考核主要围绕如表5-5所示的评价表中的要点进行。

演练角色设置：建议每小组学员12人左右。每个小组设置1名观察兼监督员，负责记录学员演练情况。乘客、地铁公安和急救人员若干配合演练。站台岗工作人员3名，司机2名，行车值班员2名，值班站长1名，行车调度员1～2名。

教师负责演练实施过程的指挥控制，提醒学员按照流程演练，并对每位学员的演练过程进行评估；实训学员扮演不同的角色，完成现场演练要求的各项任务、相互监督、相互提出改进意见。

二、工具准备

针对性地制订紧急修复方案，即编写道岔故障应急处理方案，并携带相应的故障修复工具，及时对发生故障的部位进行修复或更换。还可携带摄像设备（如照相机、摄像机、平板电脑等，对模拟实训过程进行录像）。

三、方案/程序实施

按照折返线道岔故障应急处理程序（见图5-13），请各小组在运营实训中心，按职业岗位角色分工合作，模拟实训道岔出现故障后的处理过程。

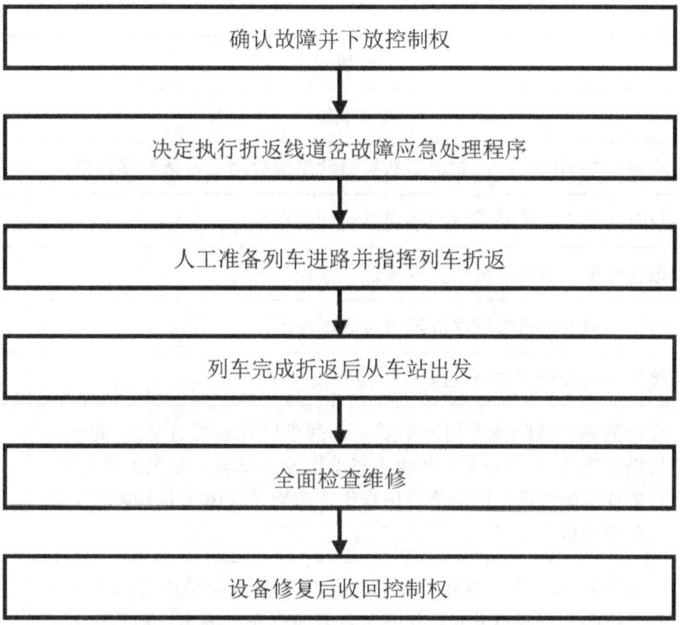

图 5-13 折返线道岔故障处理过程

四、模拟检查

经过紧急修复之后，需要对地铁运行线路进行全面检查，确保运行的安全性和稳定性。详细记录道岔故障的处理情况，及时进行反馈，为今后的维修、保养和升级工作提供参考。根据表 5-5 所示的评价表，分别对各任务角色进行评价。

表 5-5 道岔故障的应急处理模拟实训的过程评价

<table>
<tr><td>实训任务</td><td colspan="3">道岔故障的应急处理模拟实训</td></tr>
<tr><td>任务说明</td><td colspan="3">折返线道岔故障，组织行车，人工准备进路，折返作业</td></tr>
<tr><td>班级</td><td></td><td>姓名</td><td></td></tr>
<tr><td>学习小组</td><td></td><td>考核时间</td><td></td></tr>
<tr><td colspan="4">考核目标</td></tr>
<tr><td colspan="4">1. 判断道岔故障的情况。
2. 完成折返线道岔故障处理程序。
3. 完成人工准备进路作业。
4. 完成列车折返作业</td></tr>
</table>

（续表）

考核内容			
考核项目	考核细则	分值	得分
司机职责	应答行车调度员，已知道车站某道岔出现故障，谨慎驾驶列车	5	
	及时向列车及车站乘客广播通报运营信息	2	
	报告行车值班员，列车完成折返且停稳	3	
行车值班员职责	与行车调度员核对道岔故障信号显示情况	2	
	接收现场操作工作站（LOW）控制权	2	
	确定列车在故障道岔前停车后（或列车位置远离道岔），通过现场操作工作站（LOW）做两次搬动道岔的试验。如果故障消失，报告行车调度员，而后将现场操作工作站（LOW）的操控权交回行车调度员	4	
	如果故障未消失，报告行车调度员该道岔试验操作后仍然不正常，已确认造成道岔转辙机故障；及时向车站乘客广播通报运营信息	4	
	按行车调度员的指令，在现场操作工作站（LOW）上排列进路	3	
	向行车调度员确定没有列车在有关的故障区域运行，发出站台“紧急停车”指令	3	
	派遣两名站务人员完成人工准备进路作业	3	
	指派另一名站台岗工作人员在车站端墙（靠近故障地点一端）与司机配合，禁止列车离站	3	
	用现场操作工作站（LOW）单独操作有关进路的其他道岔，构成列车继续运行的条件	3	
	向行车调度员汇报故障道岔已被人工锁闭在规定位置，构成列车继续安全运行的条件	3	
	按照列车进路要求，依次命令站台岗工作人员人工准备进路和锁闭道岔，安排列车进行折返运行	3	
	每次折返完成，立即报告行车调度员	3	
	在现场操作工作站（LOW）上进行试验操作，确认道岔转辙机工作正常；向车站乘客广播“故障排除，恢复正常运营”	4	
行车调度员职责	发现道岔显示长 / 短闪光，与车站行车值班员核对道岔故障信号显示情况	3	
	下放现场操作工作站（LOW）的控制权给车站的行车值班员	5	

（续表）

行车调度员职责	确定转辙机出现故障后，报告调度长道岔转辙机故障；通知维修调度进行故障分析和故障排除；指示车站值班员按照“折返线转辙机故障处理程序”执行	5	
	命令司机在某车站折返，按照站台岗工作人员的现场动车指挥，以受限人工驾驶模式（RM）折返	2	
	折返完成后，命令车站行车值班员准备出发进路	3	
	接到维修人员的检查分析后，安排指定时段内（通常是在运营时间以后）进行维修	5	
	确认有关的电动转辙机已转入系统操作模式后，向行车值班员收回现场操作工作站（LOW）局部控制权	5	
	报告调度长，通知所有司机和行车值班员系统已经恢复正常运行	2	
站台岗工作人员职责	一名站台岗工作人员在车站站台端墙（靠近故障一端）与司机配合，防护两名站台岗工作人员进入折返线进行人工准备进路作业	5	
	两名站台岗工作人员进入折返线，把电动转辙机转入手操模式，并转换到规定位置，用钩锁器将道岔锁闭，向行车值班员报告	4	
	准备好道岔进路后，在安全位置向司机发出动车信号，目送列车通过道岔	4	
	留在安全位置，手持无线调度电话，继续在折返线等候命令，直至任务结束	5	
	任务结束后，确保没有遗留工具，返回车站并向行车值班员报告	2	
总评成绩			

任务完成人签字：

日期：　　年　月　日

指导教师签字：

日期：　　年　月　日

三、评价

在完成模拟实训后，依据表 5-6 完成道岔故障的应急处理模拟实训的总结评价。

表 5-6　道岔故障的应急处理模拟实训总结评价表

模拟实训：道岔故障的应急处理		
考核内容	分值	考核得分
1. 实训方案的准备情况	30	
2. 实训过程考核	40	
3. 对实训遇到问题的解决情况	20	
4. 课堂表现及职业素养	10	

总体评价				
教师评价	小组评价（组间、组内互评）	个人自评	学生姓名	
			分数	

阅读拓学

基地内列车挤岔脱轨事故

2006 年 6 月 6 日 5 时 54 分，0910 车 0501 次完成车库准备作业后，信号楼要求其在 A 端待命。司机臆测行车，挤上 47 号道岔，之后司机未向信号楼汇报便擅自违反行车规定退行，造成列车脱轨事故；6 时 27 分，检修调度员打电话给工程车工班工作人员，要求准备好工程车；6 时 38 分 ，准备对 0910 车进行复轨救援；7 时 05 分，当日 13 列列车全部出库上线；7 时 23 分，列车复轨救援开始实施，信号专业工作人员开始抢修，对 47 号道岔和 47DG 轨道电路受伤部件进行更换；9 时 35 分，列车复位装置安装完毕，列车开始复位；10 时 52 分，列车复位成功。此次事故造成一组轨道岔尖损坏。

本事故的原因是司机违反作业规定，未按信号要求行车，造成挤岔。挤岔后司机又擅自向后倒车，造成脱轨事故。《行车组织规则》中“列车运行条件”项要求，信号机显示开放后，列车获得占用前方进路的许可。《车辆基地运作规则》中“客车出入车辆基地”项规定，调车司机应根据调车员的信号，准确、平稳地操纵机车，时刻注意确认信号，不间断进行瞭望，正确、及时地执行信号要求，负责调车作业安全。

项目小结

请依据本项目的学习与实践，填写表 5-7，完成本项目的总结提升。

表 5-7 项目小结

教学提纲		主要内容简述
一级	二级	
认识城市轨道交通道岔	道岔的定义、分类、组成	
	道岔的定位与反位	
	转辙机的结构与功能	
道岔故障的识别与应急处理	道岔短闪的识别与处理	
	道岔长闪的识别与处理	
	道岔灰显的识别与处理	
	道岔区段红光带的识别与处理	
道岔故障的应急处理	站线道岔故障处理流程	
	折返线道岔故障处理流程	
	人工准备进路	

评价量规

请结合本项目各任务的学习和实践情况，完成项目的总体评价，并将评价结果填写在表 5-8 中。

表 5-8 评价量规

课程名称：					所属专业：					
姓名：			学号：		班级：			组别：		
填表人：						填表日期：				
评价指标（总分 100 分）		权重	等级说明					评价主体			
一级指标	二级指标		优秀（100～90 分）	良好（90～80 分）	中等（80～70 分）	合格（70～60 分）	不合格（60～0 分）	学生自评	组内互评	组间互评	教师总评
专业能力 40%	正确度	0.2									
	规范度	0.2									

（续表）

学习能力 20%	参与度	0.1										
	合作度	0.1										
职业素养 20%	责任度	0.1										
	坚韧度	0.1										
工匠素养 20%	精益度	0.1										
	善为度	0.1										
总计：												

注：

1. 该表的满分为 100 分。
2. 每项平均分标准按优秀、良好、中等、合格、不合格五个等级评分。
3. 每个指标小计得分 =［学生自评 ×30%+（组内互评 + 组间互评）÷2×30%+ 教师总评 ×40%］× 权重。
4. 各项指标小计得分总和即为该学生总得分。
5. 本量规表适用于学生自评、组内互评、组间互评和教师总评

项目 6
电力故障突发事件的应急处理

案例导学

英国当地时间 2019 年 8 月 9 日下午 5 时左右，发生了大规模停电事故。事故起源于英格兰中东部地区及东北部海域，最终造成英格兰与威尔士大部分地区停电。停电发生后，英国包括伦敦在内的部分重要城市出现地铁与城际火车停运、道路交通信号中断等情况；市民被困在铁路或者地铁中（见图 6-1），居民正常生活受到严重影响。停电事故持续了约一个小时，停电的同时，伦敦多地还遭遇暴雨天气，加大了交通的拥堵程度。英国国家电力公司表示，这次停电的原因是其两个发电机组出现问题。这起事故是自 2003 年“伦敦大停电”以来，英国发生的最大规模、影响人口最多的停电事故。

图 6-1　站台上滞留的旅客

事故原因及分析：在两个发电机组故障之后，电力系统接连出现扰动时，电力公司未能及时启用备用机组来弥补功率缺额，致使低频减载装置启动切除了部分负荷，从而导致了大停电事故的发生，而没有启动相应的紧急处理应对预案也是造成此次事故的重要原因之一。

因此，在电力故障类突发事件的应急处理中，制定并启动相应的紧急处理应对预案是减少事故对运营秩序影响的重要途径。

学习目标

1. 知识目标

① 了解城市轨道交通车站电力系统的构成。

② 理解车站供电系统负荷分级的概念。

③ 区分车站照明设施的类别。

2. 能力目标

① 通过课程学习，掌握并熟记供电设备故障和照明系统故障的处理方法。

② 通过课程学习，能够按照规章制度独立地向上级汇报详细的故障信息。

③ 通过项目实训，能够识别电力故障的来源并分析故障原因，对故障进行有效的处理。

④ 通过紧急预案的学习和实践，能够处理正线大面积停电事故以及照明系统故障。

3. 素养目标

① 通过小组合作，树立合作意识，提高团队协作能力，在电力故障类突发事件发生时能够合理分工应对事件。

② 通过模拟实训，培养实践意识，不断发现实训中出现的问题和不足，进行自我提高和改进，提高解决问题的能力。

③ 通过模拟实训，在面对突发电力故障时，能够快速、准确地判断并采取应对措施，确保供电设备的正常运行和安全可靠。

项目框架

电力故障突发事件应急处理项目共分 4 个任务，如图 6-2 所示。

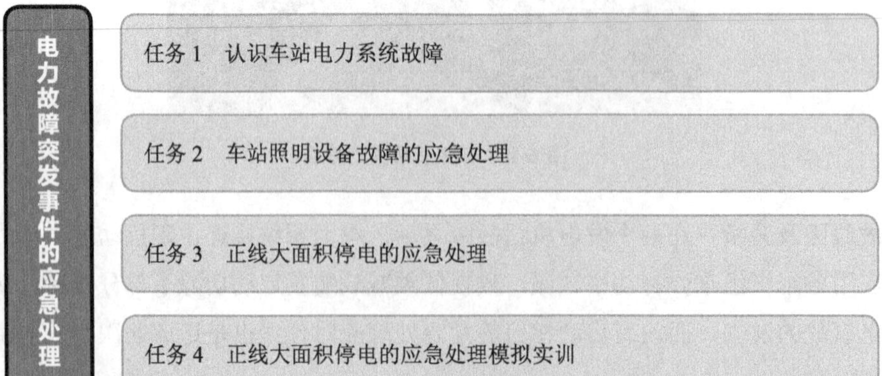

图 6-2　项目框架图

任务 1　认识车站电力系统故障

一、情景激学

城市轨道交通的正常运转离不开各类系统的协调工作，电力系统就是其中最重要的一环。电力系统不仅为城市轨道交通电动列车提供牵引系统用电，还为城市轨道交通运营服务的其他设施设备提供电能。在城市轨道交通的运营中，供电一旦中断，不仅会造成城市轨道交通运输系统的瘫痪，还可能会危及乘客生命与财产安全。经过数十年的技术革新，城市轨道交通系统已构建了一个健全有效的安全管理体系。

在学习完车站电力系统构成及主要电力故障类突发事件的相关知识后，我们将全面了解城市轨道交通电力系统的构成，能够识别电力系统的危险源，预判电力系统故障可能会造成的影响，学会电力系统故障的应急处理，进一步强化自身安全意识与责任意识，在未来面对车站电力系统故障发生时，能够保护乘客以及公共财产安全。

二、知识链学

认识车站电力系统故障要完成 7 个领域知识的学习，如图 6-3 所示。

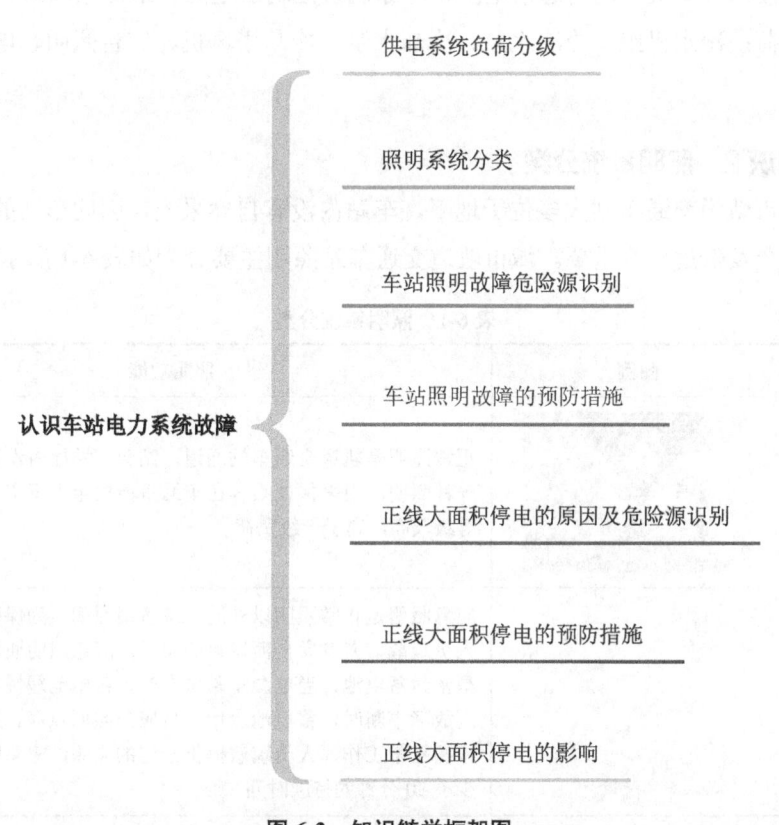

认识车站电力系统故障

- 供电系统负荷分级
- 照明系统分类
- 车站照明故障危险源识别
- 车站照明故障的预防措施
- 正线大面积停电的原因及危险源识别
- 正线大面积停电的预防措施
- 正线大面积停电的影响

图 6-3　知识链学框架图

领域知识 1　供电系统负荷分级

城市轨道交通的供电系统是为城市轨道交通正常运营提供电能的系统，它不仅为轨道交通电客车提供牵引用电，还为轨道交通运营服务的场所如车站、车辆段、运营控制中心供应电能。

城市轨道交通供电系统一般由外部电源、主变电所、牵引供电系统、动力照明供电系统、电力监控系统组成。其中，牵引供电系统由牵引变电所和牵引网组成；动力照明供电系统由降压变电所和动力照明配电系统组成。

在城市轨道交通供电系统中，牵引用电为一级负荷，一级负荷应保证两路电源供电，当任何一路电源发生故障停止供电时，另一路应能保证城市轨道交通重要负荷的全部用电需要。

动力照明等用电负荷根据实际情况分为以下 3 个等级：

一级负荷：通信系统、信号系统、牵引供电系统、电力监控系统、防灾报警系统、机电设备监控系统、屏蔽门、防淹门、消防泵、废水泵、雨水泵、事故风机及其风阀、排烟风机及其风阀、站厅和站台照明、事故照明。

二级负荷：非事故风机及其风阀、排污泵、自动扶梯、设备区照明和管理区照明、自动售检票、楼梯升降机、民用通信电源、冷冻机组控制器电源、维修电源。

三级负荷：冷水机组、冷冻水泵、冷却水泵、冷却塔风机、广告照明、电开水器、清扫电源。

领域知识 2　照明系统分类

由于城市轨道交通车站大多位于地下，车站内没有自然采光，因此车站的照明控制系统对乘车安全及舒适尤为重要。城市轨道交通车站照明主要分为如表 6-1 所示的 5 种。

表 6-1　照明系统分类

照明类型	图例	照明功能
正常照明		正常照明是轨道交通车站通道、站台、站厅内设置灯具最多的一种照明，用来保证乘客在车站里能安全上下车，照明的电源等级较高，属于一级负荷
应急照明		应急照明是正常照明以外的一种备用照明，为保障应急情况下人员疏散、人身安全而设置的照明。应急照明通常内部含有小型密封蓄电池，当电源正常供电时，蓄电池缓慢充电，当电源因故障中断时，蓄电池启用，将应急照明点亮。通常来说，为维护正常工作、人员疏散提供一定的光照，应急照明要保证不少于 30 分钟的持续时间

（续表）

照明类型	图例	照明功能
事故照明		事故照明负责城市轨道交通车站内许多设备用房在事故情况下的照明，在正常照明无法工作的情况下，事故照明用来保障设备人员能够继续监视设备的运行和进行必要的技术处理。与应急照明不同的是，事故照明电源由降压变电所内的蓄电池供电，其连续供电时间不小于 30 分钟。事故照明必须采用能瞬时可靠点亮的光源，一般采用白炽灯
引导照明		引导照明主要负责指示方向，在城市轨道交通车站通道及出入口较为常见。引导照明通常由正常电源供电，出现电力故障时，由灯内的镍镉电池继续供电，照明时间不少于 30 分钟
广告照明		广告照明是指常见的广告灯牌，其供电回路与正常照明是分开的，由变电所低压配电柜三类负荷开关供电。当变电所一路电源发生失电故障时，通过母线联络开关合闸，由另一路电源供电的变电器继续提供全部重要负荷时，像广告照明这样的三级负荷要全部关闭

领域知识 3　车站照明故障危险源识别

① 电力设备故障，包括变电所变压器故障、整流机组故障、断路器故障、传输电缆故障、接触网（轨）故障、电力监控系统（PSCADA）故障等。

② 受到市域电网故障的影响。

③ 路面施工等原因对电力系统造成的外力破坏和恐怖袭击等人为破坏。

领域知识 4　车站照明故障的预防措施

① 做好预案及培训。编制应急处理预案、开展专项和综合演练；严格执行规章制度，严格消除由于主观因素造成的车站照明熄灭。

② 完善电力系统配置。电力系统应按远期高峰小时负荷设计，并预留一定的容量；应由两路独立电源供电，当一路电源发生故障时，另一路电源立即投入使用。在电力系统环网中，一座变电所发生故障退出运行后，相邻变电所应能满足相应的牵引负荷及动力照明一、二级负荷供电。动力照明一、二级负荷应提供不间断电源（UPS）保护。当动力照明中断时，由不间断电源（UPS）提供应急电源。紧急疏散指示标志应由独立蓄电池供电，当车站照明全部中断时，也能提供稳定电源使乘客安全疏散。

③ 加强电力设备巡检。根据设备自身性能、运转周期以及季节性等特点，科学制订巡检计划，严格完成各类巡视、维护和检修任务。定期对各系统蓄电池进行失电检测；严格做好系统防火、防雷工作。

领域知识 5　正线大面积停电的原因及危险源识别

正线大面积停电的直接原因，一般是自然灾害、系统老化、短路等。深层次原因包括电力企业管理不当，对于系统缺乏足够的保护，无功功率补偿不到位，安全网络不完善等。

正线大面积停电危险源包括四种：第一种是电力设备故障，包括变电所变压器故障、整流机组故障、断路器故障、传输电缆故障、接触网故障以及电力监控系统故障等；第二种是城市电力网故障，也可能造成城市轨道交通大面积停电；第三种是路面施工和恐怖袭击等原因对电力系统造成的人为外力破坏；第四种是自然气象灾害对电力系统造成的破坏。

领域知识 6　正线大面积停电的预防措施

正线大面积停电是威胁城市轨道交通安全运营的一个重要因素，如何预防城市轨道交通大面积停电已经成为城市轨道交通运营企业需要面对的难题。随着社会的发展、科技的进步、经验的积累，这类问题会有越来越多的解决途径。只要在设备、人员、技术、管理等方面采取有效措施，就一定能够最大限度地降低大面积停电事故发生的概率，降低事故发生所造成的影响。

1. 编制大面积停电时的应急处理预案并加强训练

① 编制大面积停电时的应急处理预案。针对停电的不同程度，如停电持续时间、范围等，编制具有较强针对性的专项应急预案。应急预案可分为三个层次，即综合预案、专项预案和现场预案。

② 开展专项和综合演练。日常性的演练应作为城市轨道交通运营一个必不可少的环节。既要进行专项演练，如电力设备故障抢修、车站大客流、地下区间疏散等，也要进行大面积停电的综合演练。

③ 严格执行规章制度。电力作业是一项安全级别很高的工作，无论是电力调度员、电力维修工，还是参与电力工作的其他岗位人员，都必须严格执行公司和电力专业各项安全规章制度，严格消除由于主观因素造成的大面积停电。

2. 完善电力系统配置，从根源上杜绝大面积停电的发生

① 电力系统应按远期高峰小时负荷设计，并预留一定的容量；应由两路独立电源供电，当一路电源发生故障时，另一路电源立即投入使用。

② 在电力系统环网中，一座变电所发生故障退出运行后，相邻变电所应能满足相应的牵引负荷及动力照明一、二级负荷供电。动力照明一、二级负荷应提供不间断电源（UPS）保护。当动力照明中断时，由不间断电源（UPS）提供应急电源。

③ 紧急疏散指示标志应由独立蓄电池供电，当车站照明全部中断时，也能提供稳定电源使乘客安全疏散。

3. 加强电力设备巡检，确保电力设备安全运行

① 根据设备自身性能、运转周期以及季节性等特点，科学制定巡检计划，严格完成各类巡视、维护和检修任务。

② 定期对各系统蓄电池进行失电检测；严格做好系统防火、防雷工作。

领域知识 7　正线大面积停电的影响

城市轨道交通正线大面积停电会带来如下几方面的影响。

① 正线大面积停电会造成城市轨道交通局部或全线运营中断，影响乘客正常出行，给城市地面交通带来极大压力。由于城市轨道交通以电力作为动力，一旦供电中断，列车就面临“瘫痪”的危险。如果供电中断造成城市轨道交通停运，乘坐地铁的这部分客流必然会在短时间内迅速转向地面交通，这对地面交通将是一个巨大的考验。而由于人数的突然增加，也必然会影响到地面交通的服务质量，造成乘客出行时间的增加和出行效率的降低。

② 在人员疏散过程中产生瞬间大客流，容易引起乘客恐慌，可能会造成踩踏挤压等伤害。如果大面积停电发生在客流高峰时段，疏散的难度更大。

③ 由于供电中断，可能造成通信、信号、机电等系统不能正常使用，从而引发次生故障和灾害。在正常情况下，正线大面积停电后，通信、信号、机电等系统应由不间断电源（UPS）供电，以保证其能够在一段时间内继续使用。然而，一旦停电时间过长或不间断电源（UPS）出现问题，将无法保证这些系统的正常使用，会给城市轨道交通带来潜在的次生影响。

④ 影响城市轨道交通在公众中的形象。在发生大面积停电事件之后，乘客利益受到损害，他们对城市轨道交通的认可度和忠诚度随之降低，由于涉及面广，会使城市轨道交通运营企业的形象受到严重的负面影响，且在短时期内无法消除。

三、导图精学

认识车站电力系统故障的知识框架如图 6-4 所示。

四、测验提学

【单选题】

1. 以下哪项不属于电力负荷中的一级负荷。(　　)

A. 冷水机组

B. 通信系统

C. 屏蔽门

D. 消防泵

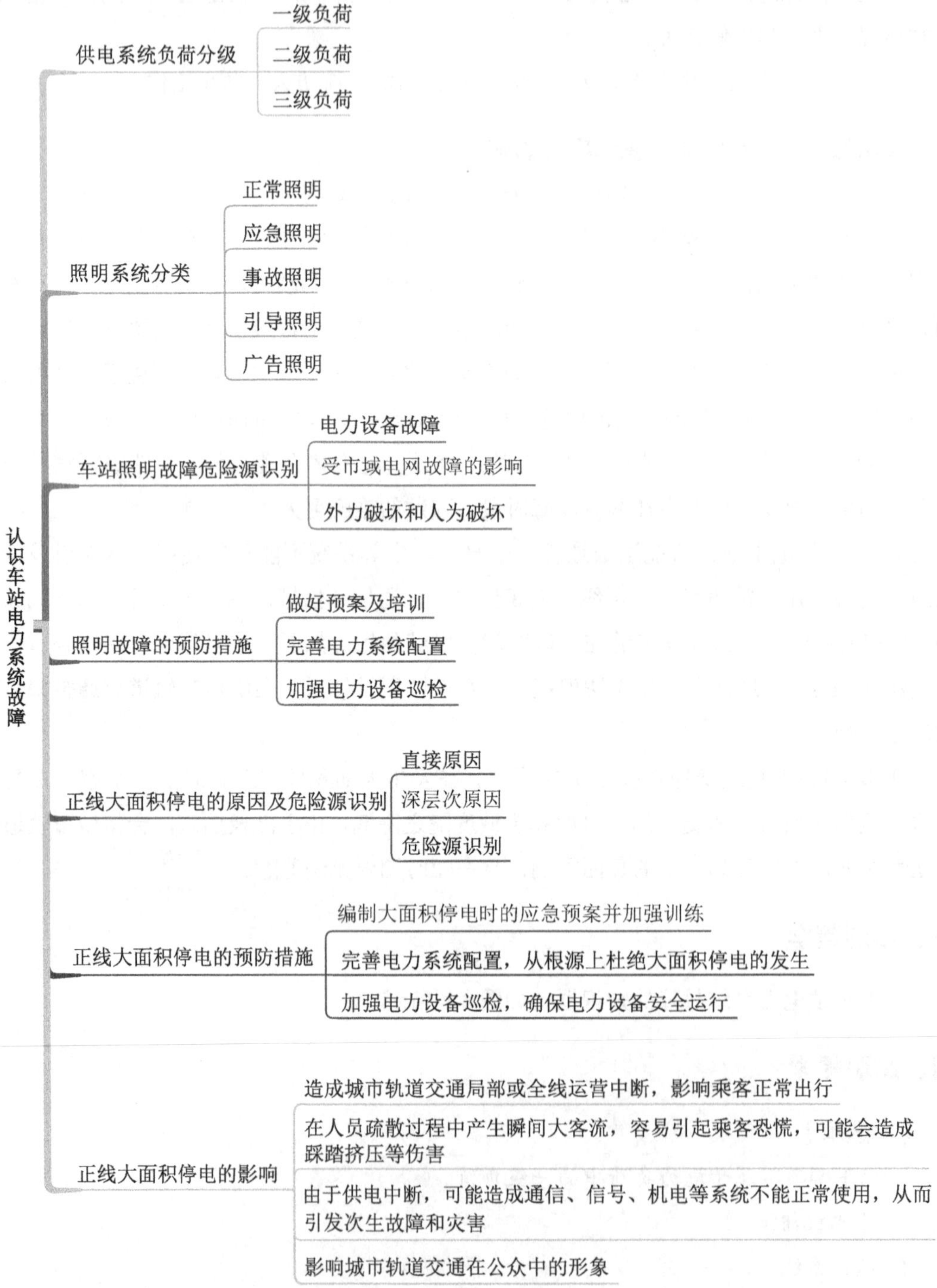
认识车站电力系统故障
供电系统负荷分级
一级负荷
二级负荷
三级负荷
照明系统分类
正常照明
应急照明
事故照明
引导照明
广告照明
车站照明故障危险源识别
电力设备故障
受市域电网故障的影响
外力破坏和人为破坏
照明故障的预防措施
做好预案及培训
完善电力系统配置
加强电力设备巡检
正线大面积停电的原因及危险源识别
直接原因
深层次原因
危险源识别
正线大面积停电的预防措施
编制大面积停电时的应急预案并加强训练
完善电力系统配置，从根源上杜绝大面积停电的发生
加强电力设备巡检，确保电力设备安全运行
正线大面积停电的影响
造成城市轨道交通局部或全线运营中断，影响乘客正常出行
在人员疏散过程中产生瞬间大客流，容易引起乘客恐慌，可能会造成踩踏挤压等伤害
由于供电中断，可能造成通信、信号、机电等系统不能正常使用，从而引发次生故障和灾害
影响城市轨道交通在公众中的形象

图 6-4　认识车站电力系统故障的知识框架

2. 以下哪项不是车站照明故障的危险源。(   )

A. 照明设备故障

B. 电力设备故障

C. 受市域电网故障影响

D. 对电力系统造成的人为破坏

3. 以下哪项负荷系统属于二级负荷。(   )

A. 信号系统

B. 自动扶梯

C. 电力监控系统

D. 广告照明

4. 以下哪项不属于正线大面积停电的直接原因。(   )

A. 电力企业管理不当

B. 系统老化

C. 自然灾害

D. 短路

【判断题】

1. 由于城市轨道交通的重要性，因此出现正线大面积停电事故不会影响轨道交通在公众中的形象。(   )

2. 在发生大面积停电事件之后，乘客利益受到损害，他们对城市轨道交通的认可度和忠诚度随之降低。(   )

任务 2　车站照明设备故障的应急处理

一、情景激学

城市轨道交通车站照明设备是维持车站正常运营不可或缺的一环，照明设备不仅为车站运营提供了充足的光照，还起到对乘客的引导等作用。

通过探究车站照明设备故障的应急处理的措施，包括关键指引、日常准备工作、发现故障与报告、现场处置等措施，我们将学会依照应急预案进行车站照明设备故障的应急处理，保障城市轨道交通运营环境的安全和舒适。

二、任务践学

车站照明设备故障的应急处理流程如图 6-5 所示。

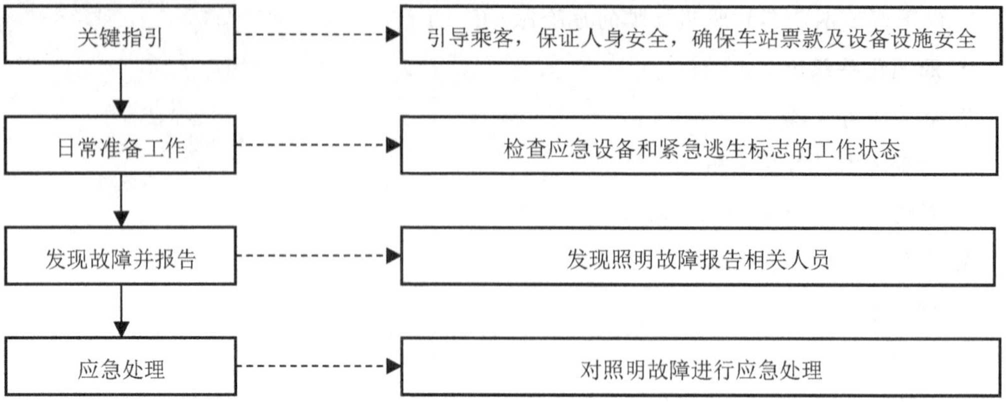
关键指引
引导乘客，保证人身安全，确保车站票款及设备设施安全
日常准备工作
检查应急设备和紧急逃生标志的工作状态
发现故障并报告
发现照明故障报告相关人员
应急处理
对照明故障进行应急处理

图 6-5 车站照明设备故障的应急处理流程

任务活动 1 关键指引

① 工作人员需沉着冷静，有序疏导乘客，利用车站地面、墙面蓄光型紧急逃生标志及车站备用的应急照明灯、手电筒等照明设备，引导乘客依次按从站台到站厅再到出口的顺序进行疏散。

② 保证乘客及工作人员的人身安全，确保车站票款及设备设施安全。

任务活动 2 日常准备工作

① 检查应急照明灯、手电筒、喊话器、对讲机等应急设备的工作状态，并及时充电。

② 夜间检查车站地面、墙面蓄光型紧急逃生标志的工作状态。

任务活动 3 发现故障并报告

车站照明设备故障报告工作需要行车值班员、行车调度员、线路值班主任、总调度长等多岗位人员联合作业，其具体岗位职责如表 6-2 所示。

表 6-2 车站照明设备故障报告中各岗位的岗位职责

岗位	岗位职责
行车值班员	发生照明完全熄灭的情况，立即报告行车调度员
	得到值班站长启动应急预案的命令后，及时报告安全质量管理部、市公安局轨道交通分局
	通知运营公司生产调度室组织供电维修保障部门、车站设备维保部门人员抢修
行车调度员	得到行车值班员的报告后，向线路值班主任报告
	通知相关运营公司生产调度室组织抢修
	通报电力调度员
线路值班主任	马上报告总调度长
	通报邻线线路值班主任

（续表）

岗位	岗位职责
总调度长	启动车站照明完全熄灭应急预案
	执行报告制度，指挥监督预案实施

任务活动 4 应急处理

车站照明设备故障应急处理需要行车值班员、行车调度员、线路值班主任、总调度长等多岗位人员联合作业，其岗位职责如表 6-3 所示。

表 6-3 车站照明设备故障应急处理时各岗位的岗位职责

岗位	岗位职责
行车值班员	得到启动应急预案的命令后，立即按压自动售检票系统（AFC）紧急按钮，打开全部进、出站闸机，立即封站
	通知各岗位人员启动应急预案
	车站广播未失电时，利用广播安抚和引导乘客
	立即从应急备品柜中拿出应急照明灯等应急设备，配给车站人员用于组织乘客疏散
行车调度员	照明未恢复前，组织列车在该站通过
	通告在线列车司机
线路值班主任	协调各单位进行救援工作
	根据实际情况制订列车运行调整方案
总调度长	根据公司应急救援指挥部负责人的指示发布命令
	及时了解现场情况，随时向上级领导汇报
车站工作人员（含安检、保安、保洁等）	值班站长宣布启动应急预案
	保护好票卡和钱款安全
	利用喊话器引导乘客向站厅疏散，使用应急照明灯为乘客提供照明
	提供照明的列车进站后，阻止站台乘客上车
	完成站台、站厅秩序维护工作
	及时撤出安检机处的隔离柱，方便乘客疏散，同时做好车站安全保卫工作和安检设备的保护工作
	到重点部位支援，疏散乘客
	照明恢复后，检查应急照明灯、手电筒、喊话器、对讲机等设备的工作状态，及时充电并归置

（续表）

岗位	岗位职责
供电维修保障人员	立即查找供电系统故障原因，进行抢修，尽快恢复照明
车站设备维修保障人员	立即查找照明系统故障原因，进行抢修，尽快恢复照明

三、策略深学

随着车站照明设备故障影响范围的扩大，涉及区域增多，需要联动的岗位层级和工作人员人数也将扩大。其中涉及负责车站运营安全的行车值班员和安全质量管理部门，负责整个轨道交通线网调度工作的行车调度员、电力调度员，负责各自线路的值班主任，以及负责公司运营的总调度长。这些工作岗位之间的指令和回复信息的时效性与准确性是能否提升应急处理效果的重要影响因素。在车站照明设备故障应急处理环节中，各岗位之间的主要信息传达关系如图 6-6 所示。

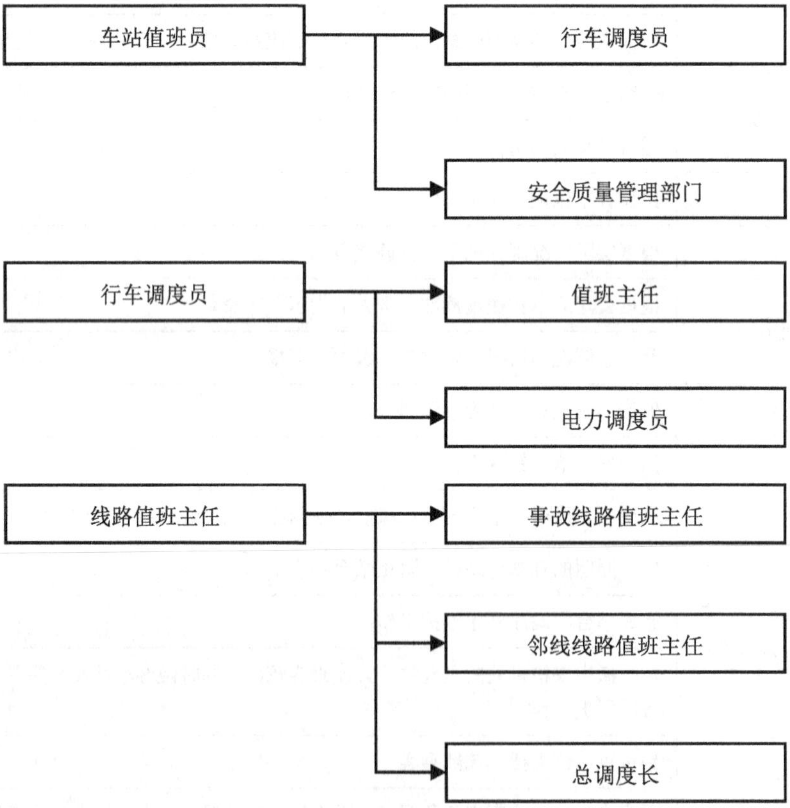

图 6-6　信息传达关系图

四、测验提学

【单选题】

1. 车站照明设备故障应急处理需要行车值班员、行车调度员、线路值班主任、总调度长等岗位的联合作业，下列工作属于行车值班员职责的是（　）。

A. 通知各岗位人员启动应急预案

B. 宣布启动应急预案

C. 保护好票卡和钱款安全

D. 利用喊话器引导乘客向站厅疏散，使用应急照明灯为乘客提供照明

2. 随着车站照明设备故障影响范围的扩大，涉及区域增多，需要联动的岗位层级和工作人员人数也将扩大，单一线路的照明故障不需要（　）参与。

A. 行车值班员

B. 事故线路值班主任

C. 邻线线路值班主任

D. 电力调度员

【判断题】

1. 行车调度员在照明故障出现时应当在照明未恢复前，组织列车在该站通过，并告知列车司机当前情况。（　）

2. 行车值班员在发现照明出现故障时应当立刻报告线路值班主任。（　）

3. 相比客观因素，主观因素造成的照明故障可以被避免。（　）

任务3　正线大面积停电的应急处理

一、情景激学

城市轨道交通的正常运转离不开供电系统的正常运行，随着时代的发展，停电事故已经很少进入我们的视野，但仍有可能发生。虽然停电次数极少，但其带来的影响却十分巨大。作为未来的城市轨道交通运营服务的工作者，你是否能够在大面积停电的情况下有条不紊地进行应急处理？

通过探究正线大面积停电应急处理的过程，包括关键指引、信息报告、行车调度、车站应急处理、区间疏散、应急终止等措施的要求和流程，学会依照应急预案进行正线大面积停电时的应急处理，保护乘客以及轨道交通设备的安全。

二、任务践学

正线大面积停电的应急处理包含 6 个任务活动，如图 6-7 所示。

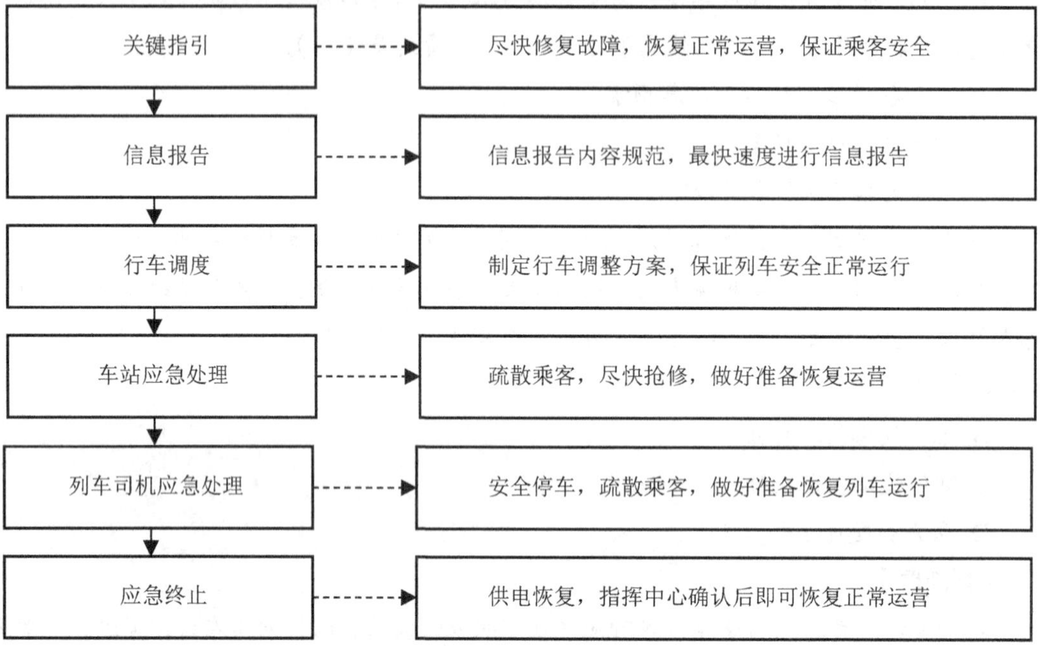
关键指引
尽快修复故障，恢复正常运营，保证乘客安全
信息报告
信息报告内容规范，最快速度进行信息报告
行车调度
制定行车调整方案，保证列车安全正常运行
车站应急处理
疏散乘客，尽快抢修，做好准备恢复运营
列车司机应急处理
安全停车，疏散乘客，做好准备恢复列车运行
应急终止
供电恢复，指挥中心确认后即可恢复正常运营

图 6-7　正线大面积停电的应急处理流程

任务活动 1　关键指引

由于城市轨道交通大面积停电的原因是不可预知的，因而其停电的范围和造成的影响也是无法预料的。在应对大面积停电的时候，城市轨道交通运管企业应以“安全等一”为前提，在事故处理过程中坚持“统一指挥、快速反应、各司其职、密切配合”的原则，力争尽快修复故障，恢复正常运营，减小事故造成的影响。

城市轨道交通线路发生大面积停电事故时，各岗位工作人员应沉着镇静，稳定乘客情绪，维持秩序，尽力保证乘客安全。控制中心根据停电影响情况，组织抢修、抢险，发布列车停运、急救和车站关闭命令，并及时将灾情向上级报告。

任务活动 2　信息报告

信息报告是指指挥中心在大面积停电发生的第一时间启动应急信息发布程序，向分公司领导进行概况汇报，并向各相关中心、部门负责人进行通报。视情况通知公安及消防部门。指挥中心在对故障产生的原因和影响有了初步的判断后，向运营分公司领导，各相关中心、部门负责人进行续报。各部门工作人员在接到信息报告后，迅速组织抢险小组和准备抢修材料、器具，尽快赶赴事故现场并随时向指挥中心汇报事故抢修情况。列车司机、车站工作人员应使用一切可能的通信手段将列车的运行情况和车站服务及各种设备的受影响情况报告指挥中心。

信息报告的内容包括：报告人及关系人姓名、部门、职务；事故发生时间（时、分）；事故发生地点（场、站、区间、股道、百米标等）；列车车次（或车体号）；事故概况，对运营的影响及初判原因；人员伤亡情况及车辆、供电、线路等设备损坏情况；是否需要救援及需要救援的内容；其他需要说明的内容及要求。

任务活动 3　行车调度

在正线大面积停电的情况下，行车调度工作主要由行车调度员（见图 6-8）操作，具体组织措施如下：

① 立即制定行车调整方案，并报告值班主任批准。

② 遵循“安全、稳定”的工作原则，在不受大面积停电影响的区域要尽可能维持正常运营，保证列车服务。

③ 在大面积停电区域，故障抢修人员、电客车司机等岗位工作人员要密切配合，保证设备及时、顺利地得到抢修，乘客得以安全疏散。

④ 组织列车小交路运行。在不受大面积停电影响的区域，充分利用区间渡线安排列车折返，维持小交路运行。

⑤ 组织列车分段运行。如果大面积停电发生在线路中部区域，可在不受影响的线路两端各自维持小交路运行。

⑥ 组织列车单线双向运行。如果只有一条线路供电受影响，可安排另外的线路进行单线双向运行。在这种情况下，如果单向线路距离过长，势必会影响列车运行效率。因此，可以分段分别进行单线双向行车，以提高行车效率。

⑦ 列车跳停。如果列车牵引供电未中断，而车站发生大面积停电，可在相应车站人员疏散完毕后进行闭站，通过车站的列车不再停车。

图 6-8　行车调度员

任务活动 4 车站应急处理

正线大面积停电时，需要行车值班员、值班站长、客运值班员、站台岗工作人员联合进行区间疏散，具体各岗位职责如表 6-4 所示。

表 6-4 正线大面积停电区间疏散作业中各岗位的岗位职责

岗位	岗位职责
行车值班员	发生大面积停电后报告行车调度员，通知值班站长及车站工作人员、公安人员并向行车调度员了解停电的原因及恢复时间
	接到正线大面积停电，执行列车停止运营、车站关闭的命令后，立即通知值班站长
	广播宣布执行大面积停电应急处理程序，反复广播指引乘客疏散
	确认站内乘客疏散完毕后报告行车调度员
	接到恢复供电的通知后，通知各岗位工作人员做好恢复运营的准备
	检查车站控制室设备情况，向行车调度员报告车站运营准备工作情况，并向行车调度员了解列车运行恢复情况，报告值班站长
值班站长	接到行车值班员报告并确认大面积停电信息后，担任事故处理主任
	通知行车值班员广播宣布执行大面积停电应急处理程序
	到站台指挥疏散乘客，确认全站乘客疏散完后，向车站控制室工作人员报告
	组织关闭车站各出入口，安排站台岗工作人员检查垂直电梯是否有人被困，做好车站巡视检查工作
	到车站控制室收集各岗位工作人员处理情况，做好停运安排
	接到供电恢复的通知后，指挥站台岗工作人员做好恢复运营的准备
	接到恢复运营的通知后，确认车站投入正常运作
客运值班员	接到执行正线大面积停电应急处理程序的通知后，带应急照明灯或手电筒到站厅疏散乘客
	确认疏散完毕后，报告车站控制室
	组织站台岗工作人员到出入口张贴停止服务的告示，关闭车站出入口
	与车站控制室行车值班员保持联系，负责巡视出入口并向乘客做好解释
	接到恢复供电的通知后，检查运营设备设施是否正常，并向行车值班员报告
	接到恢复运营的通知后，组织撤除告示，打开出入口
站台岗工作人员	接到执行大面积停电应急处理程序的通知后，收好票款和车票，锁好票亭门
	打开闸机门和边门，用手提广播引导乘客疏散
	带应急照明灯或手电筒到站厅引导乘客出站
	车站乘客疏散完毕后，负责巡视站厅

（续表）

岗位	岗位职责
站台岗工作人员	接到恢复供电的通知后，检查票亭内的设备情况，做好恢复运营的准备，并向行车值班员汇报准备情况
	检查运营设备设施是否正常，关闭边门，并向行车值班员汇报准备情况
	检查站台扶梯、屏蔽门等设备设施情况和线路情况，并向行车值班员汇报准备情况
	组织撤除告示，打开车站出入口，引导乘客进站

任务活动 5　列车司机应急处理

在正线大面积停电的情况下，列车上的应急处理工作主要由轨道列车司机操作，具体组织措施如下：

① 如果发现列车无网压，司机维持进站并报告行车调度员；如果列车能对标停车，立即打开车门、屏蔽门；如果列车不能对标停车或列车在区间停车时，播放广播安抚乘客，等待行车调度员指挥。

② 接到行车调度员列车停运、疏散列车上乘客的命令后，施加停车制动，做好疏散乘客的准备（如果列车停在区间，须把相应疏散端的疏散门打开并确认疏散门打开状态良好）。

③ 当列车停在站台时，播放疏散广播，立即疏散乘客；当列车对标停车时，在车站工作人员协助下手动打开进入站台区域的车门、屏蔽门。

④ 当列车停在区间时，确认车站人员到达后，打开司机室播放“× 端疏散”的信息广播，并引导乘客通过疏散门疏散。

⑤ 与值班站长共同确认车厢内乘客疏散完后，关闭客室灯；在确认车门锁好和列车状态后，报告行车调度员，申请降受电弓、关闭蓄电池，并向车站借用与行车调度员联系的无线电台。

⑥ 在司机室副台设置红闪灯防护，关闭蓄电池开关，留守在前方驾驶室。

⑦ 得到行车调度员送电通知后，闭合蓄电池供电回路，打开司机台；升起受电弓并撤除前端红闪灯防护。

⑧ 确认列车状态正常和进路安全后，以不受限人工驾驶模式（URM）或受限人工驾驶模式（RM）驾驶车辆到达站台后报告行车调度员。

⑨ 按行车调度员命令恢复列车运行。

任务活动 6　应急终止

1. 救援终止条件

现场处置机构与指挥中心确认地铁变电所已恢复供电，全线车站、车辆段各类设备运行正常，接触网设备供电正常，具备运营条件。如果其中一座主变电所已能恢复送电，供电部门与电力调度员共同确认主变电所开关运行情况和电力系统运行方式，并通过环网联络开关恢复全线车站变电所的供电，尽快恢复一、二级负荷供电，并视情况恢复三级负荷供电。

2. 救援完毕汇报

供电抢险组向现场指挥及指挥中心维修调度员、电力调度员汇报主变电所和车站变电所带电运行正常，电力监控系统（PSCADA）功能正常；各部门向现场指挥及指挥中心汇报抢修结束，各设备可以正常使用；车站向行车调度员汇报具备开站运营条件；司机向行车调度员汇报列车整备完毕；指挥中心确认后，向指挥机构总指挥报告具备运营条件。

3. 预案终止的申请和发布

现场抢修完成并具备恢复正常运营的条件后，值班主任向总指挥提出申请，经总指挥批准，值班主任发布大面积停电应急预案终止命令，恢复正常运营。

三、策略深学

正线突然大面积停电，某车站受到影响，行车调度员、行车值班员、值班站长、客运值班员、站台岗工作人员、列车司机需联合作业，完成信息报告、行车调度、车站应急处理、区间疏散等应急处理。其中信息报告内容的有效性直接影响决策者的决策，因此报告的准确性至关重要，信息报告一般应包括几个要素，如图 6-9 所示。

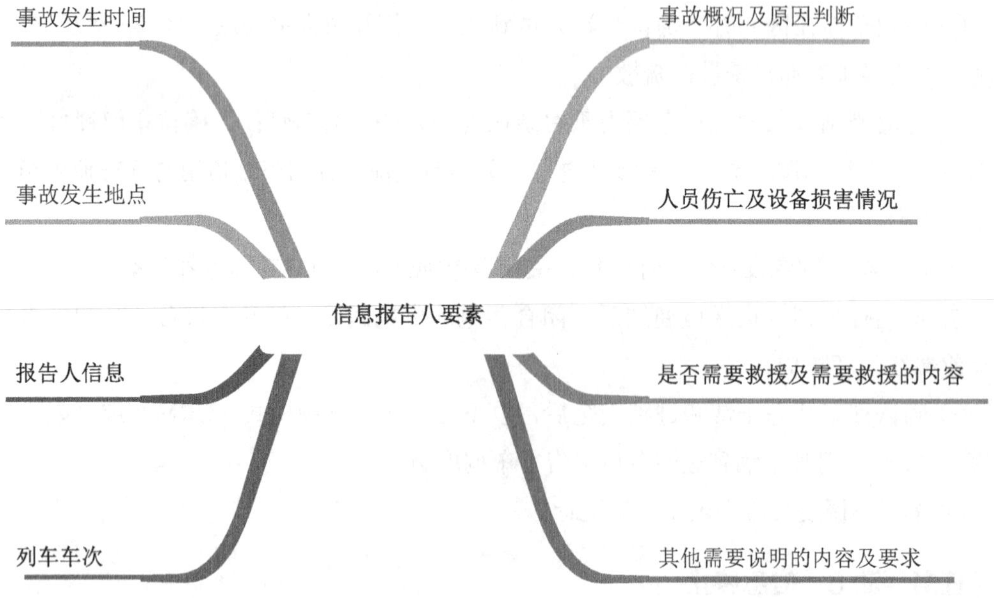

图 6-9　信息报告八要素

四、测验提学

【单选题】

1. 以下哪项不属于应急终止的条件。（　）

A. 地铁变电所已恢复供电

B. 照明设备已恢复

C. 全线车站、车辆段各类设备运行正常

D. 接触网设备供电正常

2. 以下哪项不属于信息汇报的必须要素。（　）

A. 报告人及关系人姓名、部门、职务

B. 事件发生时间

C. 事件发生地点

D. 列车型号

【判断题】

1. 在事件应急处理阶段值班站长需要担任事件处理主任。（　）

2. 在正线大面积停电事件处理完毕后，没有总指挥批准，值班主任可自主决定是否发布大面积停电应急预案终止命令，恢复正常运营。（　）

3. 在正线大面积停电发生后，各列车司机、车站工作人员应使用一切可能的通信手段将列车的运行情况和车站服务及各种设备的受影响情况报告指挥中心。（　）

任务 4　正线大面积停电的应急处理模拟实训

某日，由于恶劣天气影响，降水量剧增，导致市区内变电所被淹，电力中断，发生正线大面积停电事件，车站内工作人员须上报信息，查明原因后安全疏散乘客，并在电力恢复后恢复车站的正常运作。

一、任务分工

演练角色设置：建议每小组学员 8 人。每个小组设置 1 名观察兼监督员，负责记录学员演练情况。行车调度员、行车值班员、值班站长、客运值班员各 1 名，站台岗工作人员 2 名和列车司机 1 名。

二、工具准备

1. 应急物品（应急照明灯、手电筒、引导牌、喇叭等）。

2. 各岗位对应的身份标志牌。

3. 评价表。

三、方案 / 程序实施

1. 以小组为单位，分配岗位。
2. 指导教师向小组成员下达突发事件的指令（正线大面积停电）。
3. 除模拟实训的小组，其余学生扮演乘客，对进行演练的小组进行评价。
4. 演练结束后组内开展互评并结合其余学生的评价进行演练总结。

四、模拟检查

除模拟实训的小组，其余同学扮演乘客，平均分布于各个岗位之间进行观察。在实训小组完成应急处理预案的过程中听从实训小组指令进行模拟疏散，在疏散过程中观察各实训成员的表现，为其进行评价打分，并记录在表 6-5 中。

表 6-5　正线大面积停电事件应急处理模拟实训的过程评价表

<table>
<tr><td>实训任务</td><td colspan="3">正线大面积停电</td></tr>
<tr><td>任务说明</td><td colspan="3">发生正线大面积停电后，组织乘客疏散，对停电进行应急处理</td></tr>
<tr><td>班级</td><td></td><td>姓名</td><td></td></tr>
<tr><td>学习小组</td><td></td><td>实训时间</td><td></td></tr>
<tr><td colspan="4">考核目标</td></tr>
<tr><td colspan="4">1. 能安抚乘客、组织乘客进行疏散。
2. 能按照程序汇报相关信息。
3. 掌握正线大面积停电的情况下各工作岗位的职责。
4. 在收到应急终止指令后能够快速恢复正常运营</td></tr>
<tr><td colspan="4">考核内容</td></tr>
<tr><td>考核项目</td><td>考核细则</td><td>分值</td><td>得分</td></tr>
<tr><td rowspan="4">行车调度员职责</td><td>发生正线大面积停电后立即制定行车调整方案，并报告值班主任批准</td><td>3</td><td></td></tr>
<tr><td>在大面积停电区域，故障抢修人员、电客车司机等岗位工作人员要密切配合，保证设备及时、顺利地得到抢修，乘客得以安全疏散</td><td>3</td><td></td></tr>
<tr><td>根据停电情况做出正确的运行安排：
1. 组织列车小交路运行。
2. 组织列车分段运行。
3. 组织列车单线双向运行。
4. 列车跳停</td><td>3</td><td></td></tr>
<tr><td>应急终止后恢复列车正常运行</td><td>1</td><td></td></tr>
</table>

（续表）

行车值班员职责	发生正线大面积停电后报告行车调度员，通知值班站长及车站工作人员、公安人员并向行车调度员了解停电的原因及恢复时间	2	
	接到正线大面积停电，执行列车停止运营、车站关闭的命令后，立即通知值班站长	2	
	广播宣布执行大面积停电应急处理程序，反复广播指引乘客疏散	2	
	确认站内乘客疏散完毕后报告行车调度员	1	
	接到恢复供电的通知后，通知各岗位工作人员做好恢复运营的准备	1	
	检查车站控制室设备情况，向行车调度员报告车站运营准备工作情况，并向行车调度员了解列车运行恢复情况，报告值班站长	2	
值班站长职责	接到行车值班员报告并确认大面积停电信息后，担任事故处理主任	2	
	通知行车值班员广播宣布执行大面积停电应急处理程序	2	
	到站台指挥疏散乘客，确认全站乘客疏散完后，向车站控制室工作人员报告	1.5	
	组织关闭车站各出入口，安排站台岗工作人员检查垂直电梯是否有人被困，做好车站巡视检查工作	1	
	到车站控制室收集各岗位工作人员处理情况，做好停运安排	2	
	接到供电恢复的通知后，指挥站台岗工作人员做好恢复运营的准备	1	
	接到恢复运营的通知后，确认车站投入正常运作	0.5	
客运值班员职责	接到执行正线大面积停电的通知后，带应急照明灯或手电筒到站厅疏散乘客	2	
	确认疏散完毕后，报告车站控制室	2	
	组织站台岗工作人员到出入口张贴停止服务的告示，关闭车站出入口	1	
	与车站控制室行车值班员保持联系，负责巡视出入口并向乘客做好解释	2	
	接到恢复供电的通知后，检查运营设备设施是否正常，并向行车值班员报告	2	
	接到恢复运营的通知后，组织撤除告示，打开出入口	1	
站台岗工作人员职责	接到执行大面积停电的通知后，收好票款和车票，锁好票亭门	1	
	打开闸机门和边门，用手提广播引导乘客疏散	2	
	带应急照明灯或手电筒到站厅引导乘客出站	2	
	车站乘客疏散完毕后，负责巡视站厅	2	
	接到恢复供电的通知后，检查票亭内的设备情况，做好恢复运营的准备，并向行车值班员汇报准备情况	2	

（续表）

站台岗工作人员职责	检查运营设备设施是否正常，关闭边门，并向行车值班员汇报准备情况	2	
	检查站台扶梯、屏蔽门等设备设施情况和线路情况，并向行车值班员汇报准备情况	2	
	组织撤除告示，打开车站出入口，引导乘客进站	2	
列车司机职责	发现列车无网压，司机维持进站并报告行车调度员： 1. 列车能对标停车，立即打开车门、屏蔽门。 2. 列车不能对标停车或列车在区间停车时，播放广播安抚乘客，听从行车调度员指挥	2	
	接到行车调度员列车停运、疏散列车上乘客的命令后，施加停车制动，做好疏散乘客的准备（如果列车停在区间，须把相应疏散端的疏散门打开并确认疏散门打开状态良好）	1	
	根据情况，合理进行应急处理： 1. 当列车停在站台时，播放疏散广播，立即疏散乘客。 2. 当列车对标停车时，在车站工作人员的协助下手动打开进入站台区域的车门、屏蔽门。 3. 当列车停在区间时，确认车站人员到达后，打开司机室播放“× 端疏散”的信息广播，并引导乘客通过疏散门疏散	2	
	与值班站长共同确认车厢内乘客疏散完后，关闭客室灯；在确认车门锁好和列车状态后，报告行车调度员，申请降受电弓、关闭蓄电池，并向车站借用与行车调度员联系的无线电台	1	
	在司机室副台设置红闪灯防护，关闭蓄电池开关，留守在前方驾驶室	1	
	得到行车调度员送电通知后，闭合蓄电池开关，打开司机台；升起受电弓并撤除前端红闪灯防护	1	
	确认列车状态正常和进路安全后，以不受限人工驾驶模式（URM）或受限人工驾驶模式（RM）驾驶车辆到达站台后报告行车调度员	1	
	按行车调度员命令恢复列车运行	1	
总评成绩			

任务完成人签字：

日期：　　年　月　日

指导教师签字：

日期：　　年　月　日

五、评价

在完成模拟实训后，依据表 6-6 完成正线大面积停电的应急处理模拟实训的总结评价。

表 6-6　正线大面积停电的应急处理模拟实训总结评价表

<table>
<tr><td colspan="5">模拟实训：正线大面积停电的应急处理</td></tr>
<tr><td colspan="3">考核内容</td><td>分值</td><td>考核得分</td></tr>
<tr><td colspan="3">1. 实训方案的准备情况</td><td>30</td><td></td></tr>
<tr><td colspan="3">2. 实训过程考核</td><td>40</td><td></td></tr>
<tr><td colspan="3">3. 对实训遇到问题的解决情况</td><td>20</td><td></td></tr>
<tr><td colspan="3">4. 课堂表现及职业素养</td><td>10</td><td></td></tr>
<tr><td colspan="5">总体评价</td></tr>
<tr><td>教师评价</td><td>小组评价（组间、组内互评）</td><td>个人自评</td><td>学生姓名</td><td></td></tr>
<tr><td></td><td></td><td></td><td>分数</td><td></td></tr>
</table>

阅读拓学

“安全是地铁的‘生命线’，守护安全是我们的职责。”这样一句话出自北京地铁供电分公司第六维修项目部第四维修部运行检修师孟艺兵之口，这是他守护首都地铁安全供电的信念。孟艺兵在地铁供电分公司从业 26 年，曾参与计表检修、故障处理、施工改造、抢险抢修、职工培训等工作；曾自行研发多个项目，实现了自动化通信故障检测与修复，为公司节约了大量维修资金。

作为一名高压电工，孟艺兵一直刻苦钻研、勇于创新实践，他深知没有精益求精的态度和高超技艺无法保障首都地铁的安全供电。2019 年，9 号线 750V 开关的电源模块出现故障，电源模块发热严重，已经把底部的绝缘片烤糊，存在火灾隐患，同时全线的电源模块都存在相同的故障隐患。由于更换规模过大，备品又不充足，他提出了边修边换的方法，先用备件替换旧模块，然后由他带领职工创新工作室人员对更换的旧模块进行维修检测，修好后再换到其他车站。直到把全线的模块更换一遍，经过了 1 个多月的奋战，9 号线全部的电源模块都处于正常状态。

2019 年至今，作为职工创新工作室的领军人，孟艺兵带领成员自主维修了 750V 开关间接脱扣器、400V 失压电子继电器、750V 二次系统电源、交直流屏电源互投器等 10 多种 140 多台不同的设备，解决了 9 号线 400V 电压继电器故障、房山线交直流屏互投器故障等问题，保障了电力设备的可靠运行，节约维修资金约 130 余万元。

由于基本功过硬，孟艺兵具有很高的技术水平和故障排除能力。面对疑难故障，他能够快速准确地查找故障点并排除故障，保证设备正常运行。他还自学了单片机原理和计算机语言，来解决复杂的自动化设备故障。

孟艺兵职工创新工作室还承担了项目部职工培训及技能比武工作，为供电分公司培养中级工 23 人、高级工 26 人、技师 2 人，其中技师杨艺森在 2019 年北京市工业和信息化职业技能竞赛中取得了实操第一名的成绩。

项目小结

请依据本项目的学习与实践，填写表 6-7，完成本项目的总结提升。

表 6-7 项目小结

教学提纲		主要内容简述
一级	二级	
认识车站电力系统故障	供电系统负荷分级	
	照明系统分类	
	车站照明故障危险源识别	
	车站照明故障的预防措施	
	正线大面积停电的原因及危险源识别	
	正线大面积停电的预防措施	
	正线大面积停电的影响	
车站照明设备故障的应急处理	关键指引	
	日常准备工作	
	发现故障并报告	
	应急处理	
正线大面积停电的应急处理	关键指引	
	信息报告	
	行车调度	
	车站应急处理	
	列车司机应急处理	
	应急终止	

评价量规

请结合本项目各任务的学习和实践情况，完成项目的总体评价，并将评价结果填写在表 6-8 中。

表 6-8　评价量规

<table>
<tr><td colspan="6">课程名称：</td><td colspan="6">所属专业：</td></tr>
<tr><td colspan="3">姓名：</td><td colspan="3">学号：</td><td colspan="3">班级：</td><td colspan="3">组别：</td></tr>
<tr><td colspan="6">填表人：</td><td colspan="6">填表日期：</td></tr>
<tr><td colspan="2">评价指标
（总分 100 分）</td><td rowspan="2">权重</td><td colspan="5">等级说明</td><td colspan="4">评价主体</td></tr>
<tr><td>一级指标</td><td>二级指标</td><td>优秀
（100 ～ 90 分）</td><td>良好
（90 ～ 80 分）</td><td>中等
（80 ～ 70 分）</td><td>合格
（70 ～ 60 分）</td><td>不合格
（60 ～ 0 分）</td><td>学生自评</td><td>组内互评</td><td>组间互评</td><td>教师总评</td></tr>
<tr><td rowspan="2">专业能力
40%</td><td>正确度</td><td>0.2</td><td></td><td></td><td></td><td></td><td></td><td></td><td></td><td></td><td></td></tr>
<tr><td>规范度</td><td>0.2</td><td></td><td></td><td></td><td></td><td></td><td></td><td></td><td></td><td></td></tr>
<tr><td rowspan="2">学习能力
20%</td><td>参与度</td><td>0.1</td><td></td><td></td><td></td><td></td><td></td><td></td><td></td><td></td><td></td></tr>
<tr><td>合作度</td><td>0.1</td><td></td><td></td><td></td><td></td><td></td><td></td><td></td><td></td><td></td></tr>
<tr><td rowspan="2">职业素养
20%</td><td>责任度</td><td>0.1</td><td></td><td></td><td></td><td></td><td></td><td></td><td></td><td></td><td></td></tr>
<tr><td>坚韧度</td><td>0.1</td><td></td><td></td><td></td><td></td><td></td><td></td><td></td><td></td><td></td></tr>
<tr><td rowspan="2">工匠素养
20%</td><td>精益度</td><td>0.1</td><td></td><td></td><td></td><td></td><td></td><td></td><td></td><td></td><td></td></tr>
<tr><td>善为度</td><td>0.1</td><td></td><td></td><td></td><td></td><td></td><td></td><td></td><td></td><td></td></tr>
<tr><td colspan="12">总计：</td></tr>
<tr><td colspan="12">注：
1. 该表的满分为 100 分。
2. 每项平均分标准按优秀、良好、中等、合格、不合格五个等级评分。
3. 每个指标小计得分 =［学生自评 ×30%+（组内互评 + 组间互评）÷2×30%+ 教师总评 ×40%］× 权重。
4. 各项指标小计得分总和即为该学生总得分。
5. 本量规表适用于学生自评、组内互评、组间互评和教师总评</td></tr>
</table>

项目 7
城市轨道交通火灾的应急处理

案例导学

1995 年 10 月 28 日夜，阿塞拜疆首都巴库一列满载旅客的地铁列车刚刚驶离乌尔杜斯站站台 200 米进入地铁隧道，突然火光一闪，乘客们还没明白过来发生了什么事，车厢里的灯全灭了，熊熊燃烧的烈火和浓烟迅速吞没车厢。由于车厢的门和窗都是紧紧关闭的，里面的乘客纷纷打碎车窗玻璃夺路而逃。在漆黑一片的环境下，一些跳到车厢外的人在浓烟烈火中失去了方向，四处乱跑乱撞，更令人悲痛的是，许多被困在车厢内的人无法逃脱，最终葬身火海。据报道，此次火灾事故（见图 7-1）共造成了 558 人死亡，269 人受伤。

图 7-1　阿塞拜疆巴库地铁火灾事故

事故分析：地铁的一节车厢在行驶过程中发生了电路故障，导致列车的照明系统、通风系统等设备停止工作，同时引发了火灾。由于司机缺乏经验采取了紧急制动措施，列车停在了隧道里，给乘客逃生和救援工作带来不便。又因车辆使用的大部分材料都是易燃物，火势迅速蔓延，燃烧时产生了大量烟雾和有毒气体，乘客吸入烟雾和有毒气体造成了大量人员的伤亡。

学习目标

1. 知识目标

① 理解城市轨道交通火灾的特点和成因。

② 了解城市轨道交通防火、灭火知识。

③ 掌握各种消防设备设施的用途。

④ 熟知城市轨道交通火灾处理时的岗位职责。

2. 能力目标

① 通过使用各种消防设备设施，全面提高防火、灭火的实际能力。

② 能够严格执行城市轨道交通火灾的应急处理程序，进行特定火灾情境的处置。

③ 通过车站火灾应急处理模拟实训，具备防火、灭火的综合实战能力。

3. 素养目标

① 通过分组演练，树立团队合作意识。

② 通过理论与实践的学习，坚定服务人民、保卫公共安全的职业信念。

项目框架

城市轨道交通火灾应急处理项目共分 4 个任务，如图 7-2 所示。

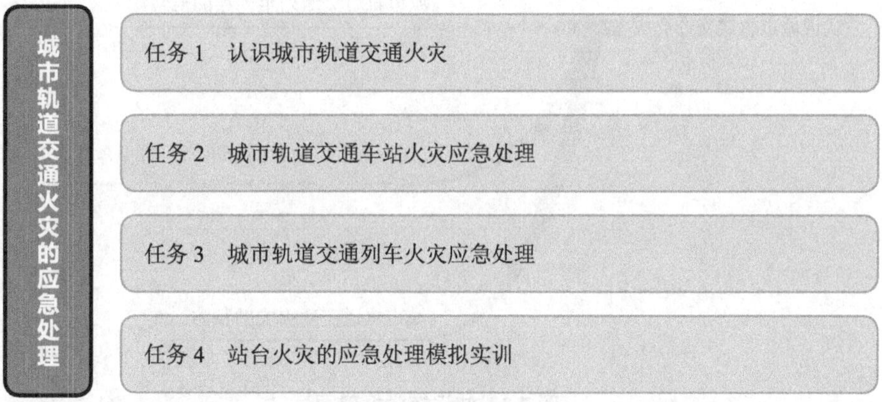

图 7-2　项目框架图

任务 1　认识城市轨道交通火灾

一、情境激学

城市轨道交通系统作为现代城市的重要组成部分，安全管理至关重要。火灾对城市轨道交通系统安全有严重的威胁，可能会对市民造成严重的生命伤害和财产损失。作为未来城市轨道交通运营服务的工作者，你是否了解城市轨道交通火灾的特点和主要成因？你能否描述出城市轨道交通火灾的预防措施？

本任务将引导我们深入了解城市轨道交通火灾，包括 5 个方面的知识：城市轨道交通火灾的特点、城市轨道交通火灾的成因、城市轨道交通列车火灾的危险源、认识城市轨道交通常用消防设备设施和城市轨道交通火灾的预防。通过本任务的学习，我们将清楚城市轨道交通火灾的潜在威胁和危险源，会熟练使用消防设备设施，能够掌握预防火灾的关键步骤和措施，提高火灾风险的管理能力。

二、知识链学

认识城市轨道交通火灾要完成 5 个领域知识的学习，如图 7-3 所示。

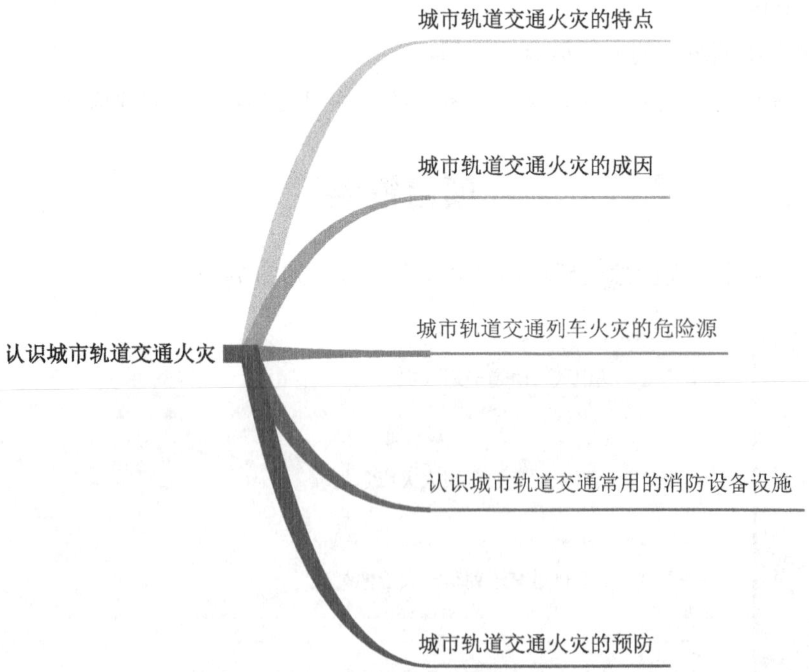

图 7-3　知识链学框架图

领域知识 1　城市轨道交通火灾的特点

地铁建筑结构复杂，出入口少，疏散路线长，通风照明条件差，电气设备种类多，人员高度集中，一旦发生火灾，扑救任务将非常艰巨，往往会造成重大的人员伤亡和财产损失。因此掌握地铁火灾的特性对于有效地预防和扑救火灾有积极的指导作用。地铁火灾的特性如下：

① 发烟量大。由于地下车站空间相对密闭、狭小，通风不良，不能自然排烟，且供氧不足，站内可燃物不能充分燃烧，会产生大量含有有毒气体的烟气。烟气不能及时排出，在站内沉降，进入人的呼吸系统，灼伤呼吸道且容易造成人员窒息。

② 温度上升快。地下车站被岩石和土壤包裹，热交换十分困难，站内烟气温度高且无法排出，会加速内部空间的温度上升，且隧道、车站一些设备设施或乘客携带的物品在高温的环境下容易膨胀爆裂。

③ 人员疏散困难。车站发生火灾时，正常电源被切断，站内只有应急照明，在密闭的空间内没有自然光线，车站能见度会很低，加上浓烟对眼睛的刺激，疏散极为困难。地铁发生火灾时逃生的出口和路线比地面建筑少，闸机与栏杆还会阻碍乘客的疏散速度并且可能造成乘客受伤，增加疏散难度。

④ 扑救困难。由于地下车站与地面只有几个出入口相连接，因此，火灾发生后，地面无法直接判断起火位置，必须参看工程建筑设计图。另外，地下车站和隧道内发生火灾后，容易造成疏散路径和救援路径的交叉，外界救援途径有限，救援设备设施难以进入地下车站和隧道，不能及时有效地进行扑救火灾。

领域知识 2　城市轨道交通火灾的成因

1. 人的因素

人指地铁乘客、操作人员、管理人员及其他在场人员。人的因素是造成火灾事故的主要因素，主要表现在以下方面：

① 隧道维修施工过程中进行焊接、切割工作，或者机械碰撞、摩擦引起的火花都有可能引燃易燃的装修材料而造成火灾。

② 乘客携带的易燃、易爆物品。虽然地铁运营安全乘车规定禁止旅客携带易燃、易爆等危险物品，但还是会有此类情况发生。

③ 人为故意纵火或恐怖袭击等其他原因。

2. 物的因素

物指发生事故时所涉及的实物。物的因素要比人的因素复杂许多，但物在很大程度上属于可控制的因素，可以从一些具体措施和可量化的指标上去实施控制。

① 地铁内存在违禁和易燃、易爆物品。这些物品多由乘客携带进入，若能在事故发

生前查出则可以防止火灾事故的发生。

② 地铁工程及车辆材料选用不当。例如，车站建筑装修材料没有采用阻燃无烟材料，地铁列车车身和座椅材料没有进行防火处理，电缆电线没有采用耐火阻燃、低烟无卤材料等。

③ 消防设施设置不当。例如，没有设置火灾探测器和报警器，缺乏足够的消防设备。

④ 没有重视附属设施及装备的安全化处理。为了给乘客在乘车过程中提供便利，地铁内布置了很多附属设施，包括车站内的垃圾箱、公共厕所等，极易成为蓄意制造火灾和爆炸的渠道。

⑤ 地铁电气设备存在安全隐患。多是由于地铁电器设备设计存在缺陷、老化或没有定期检修造成的。

3. 环境因素

环境通常指存在于系统外的物质的、经济的、信息的和人际的相关因素的总称，一般分为社会环境、自然环境和系统状态环境。

① 社会局势的影响。社会环境不稳定或社会局势发生动荡，有可能造成人员的不安定因素急剧上升，诱发轨道交通纵火类事故。

② 没有建立起良好的法治体系环境。缺乏有效的专门的防火法律条款和规定，将使得地铁防火处于无法可依的状态，同时也不利于营造安定的社会环境。

③ 学校教育和家庭教育不力。学校教育和家庭教育对人的影响深远。倘若没有接受良好的教育，人员素质不高，则有可能诱发地铁火灾和其他突发事件。

④ 自然环境变化。雷击、地震等不可抗拒的自然环境因素，造成地铁系统设备受损发生火灾事故。

⑤ 地铁运营环境不舒适。地铁系统中较暗的照明光线、不佳的通风条件、迷失的方向感、信息的闭塞和阻断、空间的压迫感、噪声等因素都可能诱发人的不安全行为。

4. 管理因素

事故的发生除了与人、物、环境的不安全条件有关，与管理上的缺陷也是分不开的。

① 技术上存在缺陷。技术缺陷体现在因设备设计不合理、检修不够而存在安全隐患的硬件设施管理上。

② 劳动组织不合理。地铁运营部门没有制定完善的安全管理和操作规范，或者操作流程存在安全隐患等。

③ 安全教育和安全技能培训不够。地铁运营部门没有对职工进行系统的安全培训，可能使员工由于违章操作而出现意外事故；没有对乘客和公众进行足够的防火安全教育使得乘客的防火意识和应对火灾的能力不强，诱发火灾事故。

④ 政府部门没有承担起相应的管理职能。没有成立专门的防灾指挥机构或联合相关的职能部门进行防灾预案的制定和演练，以及对民众的防火安全教育较少等。

⑤ 对个体关怀的欠缺。对社会的弱势群体如无业人员、残障人士等关怀不够，造成个体对社会不满而实施报复，这与社会环境的稳定和福利制度的完善密切相关。

领域知识 3　城市轨道交通列车火灾的危险源

导致城市轨道交通列车发生火灾的因素主要有两类：列车电气设备因素和乘客人为因素。

1. 列车电气设备因素

城市轨道交通列车为了满足自身的动力需求配置了牵引逆变系统、牵引控制系统、电动机以及辅助电源、蓄电池等大量的电气设备，并为了满足乘客的需求，配置了电暖气、通风空调系统、车载乘客信息系统（PIS）等设备来提高车内舒适度。这些电气设备常年在地铁区间隧道封闭、潮湿、多灰尘、高电磁干扰的环境下运行，降低了电气设备的使用寿命、增加了故障发生率，特别是在早晚高峰时段，客流量大，超过了车辆的额定负载，导致车载设备超负荷运营，这些均为列车电气设备火灾的发生埋下了隐患。

城市轨道交通列车电气设备火灾的发生主要有以下几种情况。

① 因相间短路、单相接地短路和超过额定负载运行导致导体通过电流过大。

② 因接触不良造成的接触电阻过大，局部发热。

③ 因电气设备散热设施故障或运行环境不良导致设备烧毁。

④ 因电气设备使用不当或自身故障导致的烧毁。

⑤ 电气设备在启动或制动瞬间产生的电弧和电火花等。

⑥ 因列车追尾、地震等灾难原因衍生火灾。

2. 乘客人为因素

由于个别安检人员安检意识较差、部分乘客为节省时间故意逃避安检等原因，乘客携带易燃、易爆物品的现象不能完全杜绝。此外，由于地铁客流量大、人员组成复杂、人员流动性大等特点，增加了车站工作人员对故意纵火、恐怖袭击等的防范难度。这些都是地铁列车的火灾隐患。

领域知识 4　认识城市轨道交通常用的消防设备设施

1. 火灾自动报警系统（FAS）

火灾自动报警系统（FAS）可以通过火灾探测器监控火灾发生时烟雾、热量等特征的变化，确定火灾发生的地点并报警。通常，火灾自动报警系统（FAS）能自动控制消火栓系统、自动灭火系统、防烟排烟系统、应急广播和应急照明等消防救灾设备，实现对火灾的早期发现和扑救，在火灾防救中发挥着重要的作用。

火灾自动报警系统（FAS）主要由消防控制主机、感烟感温火灾探测器、可燃气体感应探测器、手动报警器等模块组成，各模块的具体功能如下。

① 消防控制主机。消防控制主机（图 7-4）是火灾自动报警系统（FAS）的中枢，具有四大功能：一是接收火灾信号、指示着火部位、记录有关信息，启动火灾报警装置；二是通过火警发送装置启动火灾报警信号；三是通过自动消防灭火控制装置启动自动灭火设备和消防联动控制设备；四是自动监视系统的正确运行和对特定故障给出声、光报警。

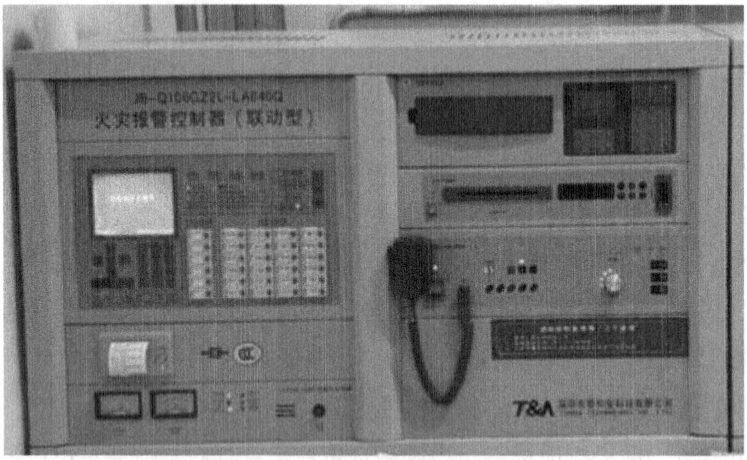

图 7-4　消防控制主机

② 感烟感温火灾探测器。感烟感温火灾探测器（见图 7-5）由烟雾传感和温度传感器组成。感烟感温火灾探测器不仅具有普通散射型光电感烟火灾探测器的性能，而且兼有定温、差定温感温火灾探测器的性能。

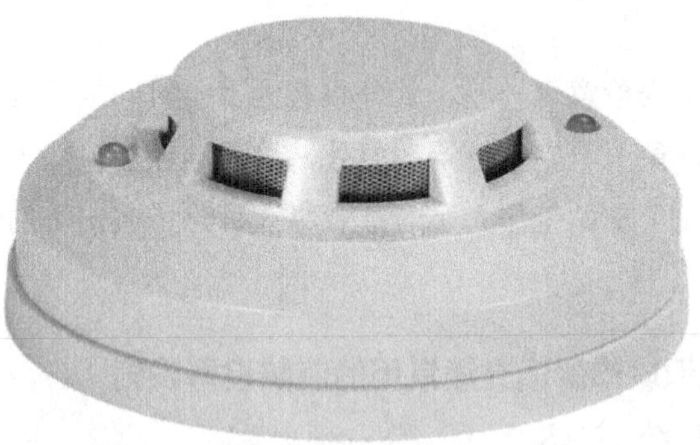

图 7-5　感烟感温火灾探测器

③ 可燃气体感应探测器。可燃气体感应探测器（见图 7-6）是一种气体泄漏检测报警仪器。当环境中有可燃或有毒气体泄漏，探测器检测到气体浓度达到爆炸或中毒报警器设置的临界点时，可燃气体感应探测器就会发出报警信号，并驱动排风系统、切断喷淋系统，防止发生爆炸、火灾、中毒等事故。

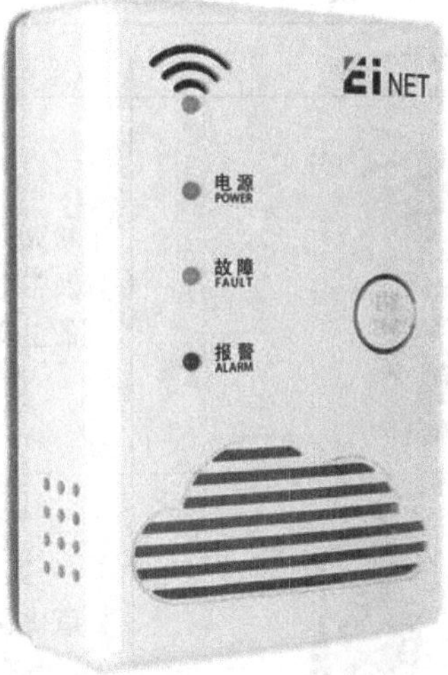

图 7-6 可燃气体感应探测器

④ 手动报警器。当火灾发生，且火灾探测器没有及时探测到火灾时，工作人员需手动按下手动报警器（见图 7-7）上的按钮，报告火灾。按下手动报警器按钮 3 ～ 5 秒钟后，手动报警器按钮上的火警确认灯会被点亮，这个状态灯表示消防控制主机已经收到火警信号，并且确认了现场位置。

图 7-7 手动报警器

2. 火灾灭火器材

① 灭火器。灭火器的种类很多，按其移动方式可分为手提式灭火器和推车式灭火器；按驱动灭火剂的动力来源可分为储气瓶式灭火器、储压式灭火器、化学反应式灭火器；按所充装的灭火剂又可分为干粉灭火器、二氧化碳灭火器、泡沫灭火器、清水灭火器等（见表 7-1）。不同种类的灭火器适用于不同类型的火灾。

表 7-1　灭火器类型

名称	图片	适用范围
干粉 灭火器	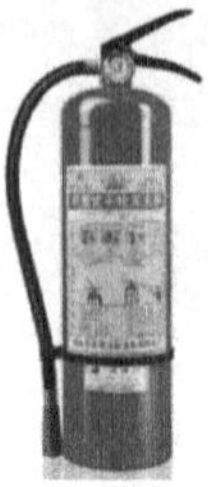	干粉灭火器适用于扑救易燃、可燃液体、气体以及带电设备引起的初起火灾，干粉灭火器药剂的主要成分是碳酸氢钠
二氧化碳 灭火器		二氧化碳灭火器结构简单、操作灵活、使用方便，具有灭火速度快、效率高，可连续或间歇喷射等优点。适用于扑救油类、易燃液体、固体有机物、气体和电气设备引起的初起火灾
泡沫 灭火器		泡沫灭火器主要适用于扑救各种油类火灾，木材、纤维、橡胶等固体可燃物引起的火灾
清水 灭火器		清水灭火器采用清水作灭火药剂，加入一定量的添加剂，可扑灭纸张、木材、纺织品等引起的火灾

常见灭火器的使用方法基本一致。例如，干粉灭火器的使用方法如下：

将灭火器上下摇晃几次，使里面的干粉药剂松动；拉住拉环，使劲向外拔掉保险销；一只手握住手柄，另一只手抓好喷管，对准火焰的根部压下手柄。

② 消火栓。城市轨道交通消火栓给水系统主要由消防水源（市政供水或消防水池供水）、消防水管室内消火栓箱（包括水带、水枪、消防软管卷盘）和室外消火栓、消防水泵、消防水泵控制器等组成。

消火栓适用于扑灭多种类型的火灾。水是分布最广泛、使用最方便、补给最容易的灭火剂，但不能用于扑救与水能发生化学反应的物质引起的火灾，以及高压电气设备和档案资料等引起的火灾。

消火栓的使用方法：当发生火灾时，找到离火场距离最近的消火栓，打开消火栓箱门，按下内部火警按钮，取出水带，将水带的一端接在消火栓出水口上，另一端接好水枪，拉到起火点附近后方可打开消火栓阀门。

③ 消防喷淋系统。消防喷淋系统可以分为人工控制和自动控制两种形式。该系统配备报警装置，在发生火灾时可以自动发出警报，自动控制的消防喷淋系统不仅可以自动喷水，并且可以和其他消防设施同步联动工作，因此能有效控制、扑灭初期火灾。

当温度上升到 60℃～ 70℃时，喷淋头中间的红色玻璃柱内装的膨胀液体受热膨胀将玻璃柱撑破，从而将水释放出来，通过溅水盘形成伞状水幕对其下方 3 平方米～ 5 平方米范围内的物品进行有效防护。

④ 气体灭火系统。以气体作为灭火剂的灭火系统称为气体灭火系统。气体灭火系统根据灭火剂的不同可分为卤代烷气体灭火系统、二氧化碳气体灭火系统、烟烙尽气体灭火系统等；按结构特点，可分为无管网灭火系统、项目独立式管网灭火系统、组合式管网灭火系统。气体灭火系统主要有如下两种控制模式。

手动控制模式：在人员需要进入灭火防护区工作前，应将手动 / 自动转换开关转到手动挡。此时，气体灭火报警控制系统只能执行预定的火灾探测报警等功能，而不能执行预定自动灭火启动功能。此时，若发现气体防护区着火，在人工确认防护区内无人后，由工作人员直接按下紧急释放按钮，延时 30 秒启动气体灭火系统释放灭火剂进行灭火。

应急机械控制模式：在气体防护区着火后，自动控制和手动控制均不能启动气体灭火装置时，由工作人员在气瓶间按照规定程序进行机械应急操作打开气体灭火装置，释放灭火气体。

3. 应急疏散器材

① 消防应急灯：消防应急灯平时可以自动充电，当发生火灾或停电时，自动工作为人们提供照明。

② 应急疏散楼梯及安全出口：应急疏散楼梯及安全出口都用于紧急情况下的人员、物资疏散。

③ 应急指示标志：应急指示标志能无限次在亮处吸光、暗处发光，它可挂、可贴，火灾发生时在黑暗场所自动发光，指示安全疏散方向和安全出口位置。

④ 防毒面具 / 过滤式自救呼吸器：紧急情况下戴在头上，可以保护人的呼吸器官、眼睛及面部，防止毒气、粉尘、细菌、有毒有害气体或蒸汽等带来的伤害。

⑤ 救生绳及缓降器：救生绳（见图 7-8）是上端固定悬挂，供人们手握进行滑降的绳

子，通常和缓降器配合使用。缓降器由吊环、吊带、绳索及速度控制器等组成，是一种可使人沿绳缓慢下降的安全营救装置。

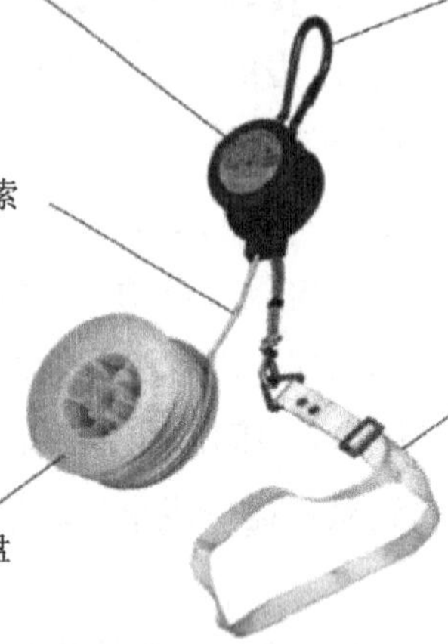

图 7-8　救生绳

领域知识 5　城市轨道交通火灾的预防

① 配置防火排烟设备设施能够预防火灾。根据《机关、团体、企业、事业单位消防安全管理规定》的要求，公共场所在事故易发场所配备防火、灭火消防设备设施。对于城市轨道交通运营企业，在疏散通道口需要设置挡烟垂壁，在站厅两侧玻璃墙顶部需要设置排烟口，在站台两侧和顶棚需要设置排烟窗，在换乘通道需要配置防火卷帘门。

② 全面巡检能够预防火灾。具体检查内容包括：应急疏散标志、应急照明检查，灭火器、消火栓等消防设备设施数量及状态检查，防火卷帘门状态检查，车站用水用电有无违章情况检查，加强乘客携带物品的安检，加强巡视劝阻乘客的不安全行为，车站设备、线缆、电路的检查，车站商铺用电、用水检查。

③ 开展安全教育与培训能够提升工作人员预防火灾的意识和能力。培训的内容主要包括：消防设备使用培训、用电用水安全培训、危险物品识别培训、火灾应急处理培训。

另外，加强乘客、附近商铺员工的防火意识也很关键。可以通过制作海报、视频等对乘客进行安全宣传教育。定期对附近合作商铺开展消防安全知识培训。

三、导图精学

认识城市轨道交通火灾的框架知识如图 7-9 所示。

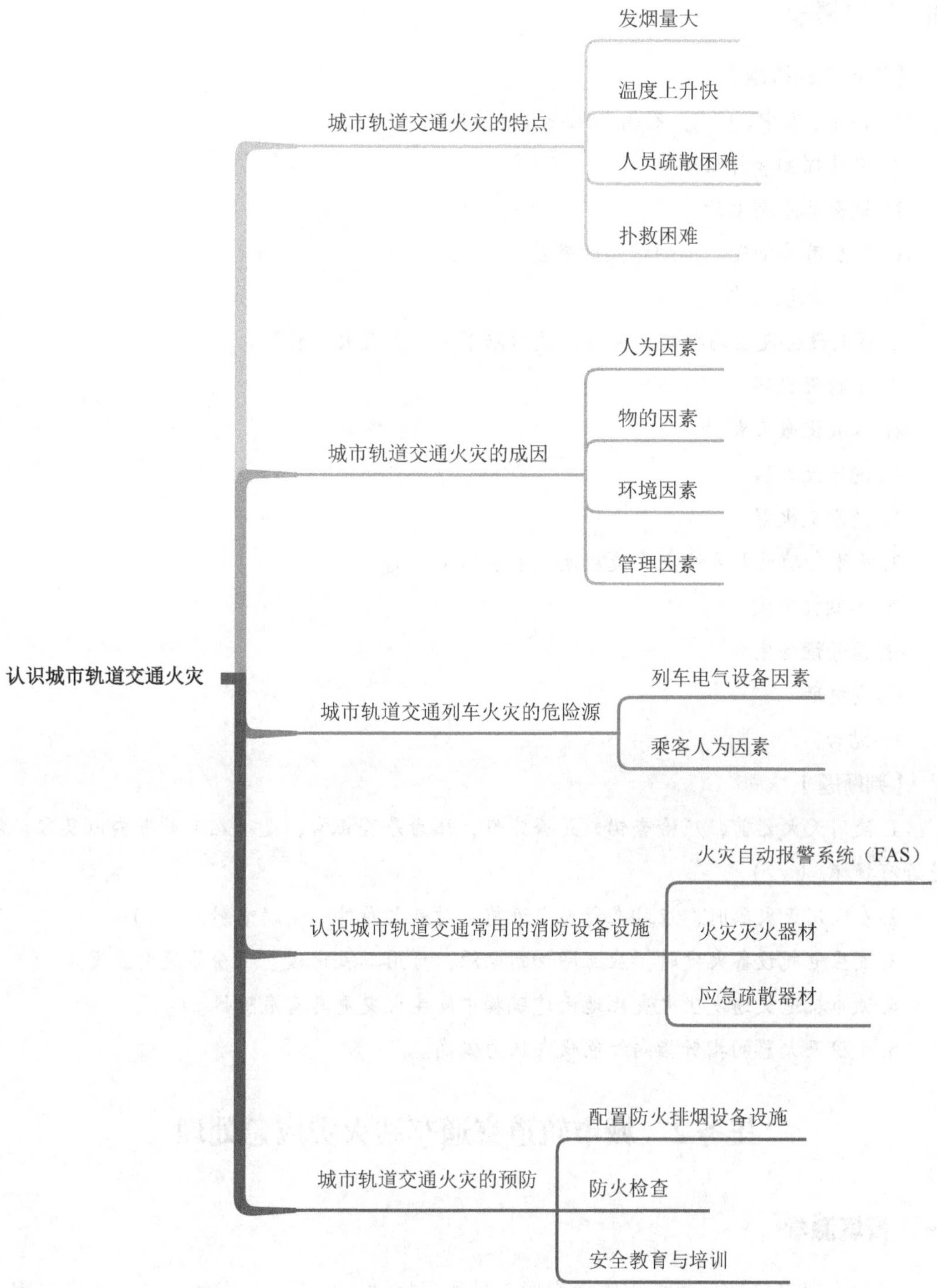
认识城市轨道交通火灾
城市轨道交通火灾的特点
发烟量大
温度上升快
人员疏散困难
扑救困难
城市轨道交通火灾的成因
人为因素
物的因素
环境因素
管理因素
城市轨道交通列车火灾的危险源
列车电气设备因素
乘客人为因素
认识城市轨道交通常用的消防设备设施
火灾自动报警系统（FAS）
火灾灭火器材
应急疏散器材
城市轨道交通火灾的预防
配置防火排烟设备设施
防火检查
安全教育与培训

图 7-9 认识城市轨道交通火灾知识框架

四、测验提学

【不定项选择题】

1. 下列选项中，(　　) 不属于地铁火灾的特点。

A. 火情探测和扑救困难

B. 氧含量急剧上升

C. 产生有毒烟气、排烟排热效果差

D. 人员疏散困难

2. 带电设备发生的初起火灾可以使用以下 (　　) 灭火器扑救。

A. 干粉灭火器

B. 二氧化碳灭火器

C. 泡沫灭火器

D. 清水灭火器

3. 气体自动灭火系统主要使用地点不包括 (　　)。

A. 车站控制室

B. 信号设备室

C. 变电所

D. 站台

【判断题】

1. 使用灭火器前，应检查铅封是否完好，压力是否正常，是否在有效期内以及零部件是否有损坏。(　　)

2. 在使用灭火器时，应站在着火点近前，对着火源外延使劲喷射。(　　)

3. 发生电气设备火灾时，应立即切断电源，可用二氧化碳、干粉等灭火器灭火。(　　)

4. 城市轨道交通发生火灾比地面建筑物中发生火灾更具有危险性。(　　)

5. 干粉灭火器的指针指向红色代表压力偏高。(　　)

任务 2　城市轨道交通车站火灾应急处理

一、情境激学

某日上班高峰期，某城市轨道交通 3 号线屏峰站（地下站）发生火灾，火灾原因是一名男子在站厅层厕所处故意纵火。火势迅速向公共区蔓延，烟雾弥漫整个站厅，大量乘客被困车站。工作人员发现火情后，立即报告车站控制室，车站立即启动应急预案疏散乘客，行车值班员向行车调度员报告，控制中心立即采取应急措施。作为未来的城市轨道运营服务的工作者，你是否清楚如何开展火灾的应急处理？不同岗位要负责哪些应急工作呢？

在学习完本任务内容后，我们将能全面把握城市轨道交通车站火灾应急处理的要点，并能根据特定情境制定应急处理方案，对火灾紧急情况迅速响应，保障乘客的安全，协同不同岗位的工作人员，有效地分工合作，提高应急响应效率，最大程度减少火灾带来的损失和影响，确保轨道交通的正常运营。

二、任务践学

城市轨道交通车站火灾应急处理包含 6 个任务活动，如图 7-10 所示。

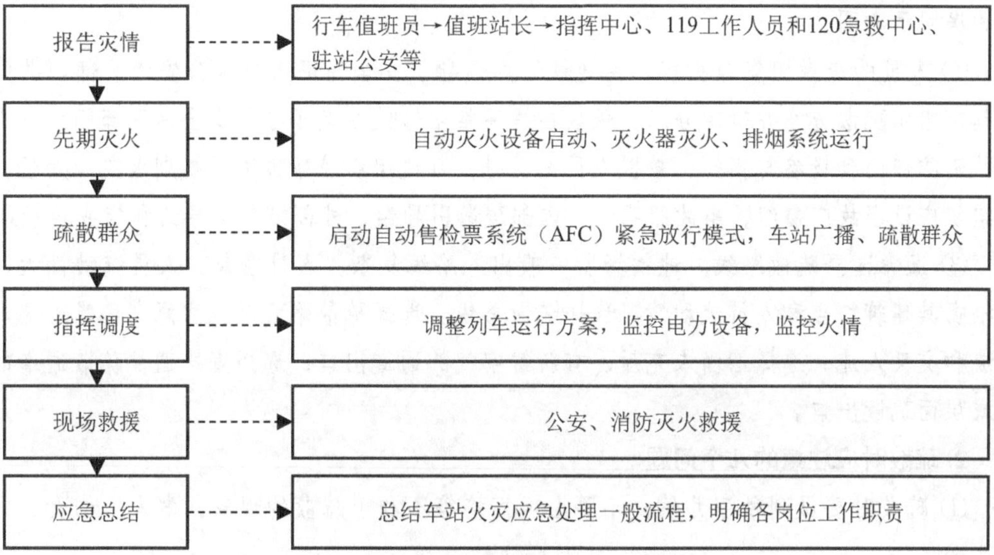
报告灾情
行车值班员→值班站长→指挥中心、119工作人员和120急救中心、驻站公安等
先期灭火
自动灭火设备启动、灭火器灭火、排烟系统运行
疏散群众
启动自动售检票系统（AFC）紧急放行模式，车站广播、疏散群众
指挥调度
调整列车运行方案，监控电力设备，监控火情
现场救援
公安、消防灭火救援
应急总结
总结车站火灾应急处理一般流程，明确各岗位工作职责

图 7-10　城市轨道交通车站火灾应急处理流程

任务活动 1　报告灾情

车站工作人员发现火灾后，立即向行车值班员和值班站长报告，根据突发事件汇报程序依次上报（环境控制调度员、行车调度员、119 工作人员和 120 急救中心、交通运输部值班人员、指挥中心、驻站公安、安保部），报告的内容包括火灾地点、火势情况、伤亡情况。

任务活动 2　先期灭火

发生火灾时，车站工作人员要及时到火灾现场了解火灾规模，立即采取灭火措施，根据火灾情况正确使用灭火设备，开启车站排烟系统。

任务活动 3 疏散群众

值班站长发布启动应急预案命令，通知行车值班员通过广播、扩音器等向乘客通报火灾情况，按压自动售检票系统（AFC）紧急按钮，打开所有进出站闸机。值班站长组织工作人员有序疏散乘客，稳定乘客情绪，并在入口处阻止乘客入站。

【知识链接】城市轨道交通车站发生火灾时的人员疏散

1. 制定周密的疏散预案

① 加强安全宣传工作。工作人员平时要使用广播或者录像的形式向公众宣传安全疏散和逃生的方法，详细介绍地铁站台层、站厅层的结构尤其是安全通道的位置，告知公众如何以最近的路线到达安全出口，顺利逃生。必要时可发放安全逃生的路线图、防烟和防火的房间示意图。

② 人员的疏散组织与指挥。由地铁站点领导、安全保卫人员及公安消防部门共同研究制定组织疏散方案并确定分工，疏散指挥通常由地铁站点领导和安全保卫部门负责人担任，消防部门到场参与指挥。救援人员充足时，可边组织疏散边进行初期火灾的处理。疏散组织应设事故广播组、事故照明组、内部疏散引导组、外部疏散引导组和警戒救护组。

③ 正确选择疏散路线。地铁场所一般出入路线复杂，人员密集，人员流动性大，必须根据其建筑特点和人员流动情况选择疏散路线。选择疏散路线时应注意：尽量避免对面人流和交叉人流；选择烟尚未充斥、有新鲜空气的通道出口；选择直接通往疏散通道的地面或层面疏散出口。

2. 疏散时应注意的几个问题

① 疏散时要做到秩序井然，不要出现拥挤等不利于疏散的现象，老人、妇女、儿童优先疏散。

② 应首先疏散人员多，疏散条件差，火灾危险性较大区域内的被困人员。

③ 人员聚集的公共场所发生火灾时，要求被困人员在 3 ～ 6 分钟内疏散出去，因此应设法在规定时间内保障人员撤出或者先期撤离烟火充斥区。

④ 消防人员应在出口处设立警戒，防止已被疏散出的人员及寻找亲人的人员又进入火区。

⑤ 对救出人员要清点人数，看是否全部救出，受伤者救出后应迅速送往医院。

⑥ 消防人员在进入内部营救时，除自身佩戴各种安全防护装具外，在条件允许时，还应考虑携带部分用于营救被困人员的安全防护装具，对中毒者进行必要的保护，以保证最大限度地减少人员伤亡。

⑦ 当人员被困在火源附近，高温、热烟影响疏散与营救时，应迅速向被困人员周围空间射水降温，用喷雾水掩护疏散，必要时向被困人员身上洒水，以保障人员安全撤出。

任务活动4 指挥调度

行车调度员向全线车站和司机通报信息，调整列车运行方案，命令站上列车立即开车，扣停后续列车；司机按行车调度员命令组织行车。

电力调度员注意电力设备操作情况，在必要时切断非消防电源；环境控制调度员负责监控火情、车站大小系统是否停止，站台排烟系统是否开启，注意排烟系统的运行情况。

任务活动5 现场救援

公安、消防部门抵达事发现场灭火救援，火灾扑灭后，车站具备正常运营条件时，车站工作人员报告行车调度员，指挥中心宣布应急终止，行车调度员发布恢复正常运行命令。

任务活动6 应急总结

当城市轨道交通发生火灾，需要运营分公司与地铁公安分局联合指挥。运营分公司的控制中心主要负责调整运营方案，发布命令开启车站排烟系统。地铁公安分局负责上报火灾情况，指挥民警调查、处理，协助现场乘客疏散和维持秩序。

根据城市轨道交通车站火灾的特点和任务实施的过程，站台岗工作人员、行车值班员、行车调度员等主要岗位的工作职责如下所述。

站台岗工作人员主要负责现场火情观察和信息上报，到站台、站厅疏散乘客。可扑灭火灾可由站台岗工作人员处置，不可扑灭火灾主要由消防员处置。

行车值班员主要负责使用火灾自动报警系统（FAS）监控火情，指挥站台岗工作人员现场确认。向控制中心、行车调度员、驻站公安、119工作人员报告火情信息。具体执行的操作包括按压自动售检票系统（AFC）紧急按钮，启动自动售检票系统（AFC）紧急放行模式，启动车站排烟系统，进行车站广播。

行车调度员主要负责向全线车站和司机通报信息，及时调整行车方案。

电力调度员负责电力设备操作，在必要时切断牵引供电。

环境控制调度员负责监控火情，判断车站是否需要停止运营，站台排烟系统是否开启，注意排烟系统的运行情况。

三、策略深学

1. 城市轨道交通火灾处理原则

① 贯彻“救人第一，救人与灭火同步进行”的原则，积极施救。

② 把握起火初期5分钟内的关键时间，做好两项工作：一是尽快扑救，二是及时报警。

③ 做好个人防护，及时穿戴防烟面具、荧光服等防护用具。

④ 火灾发生后，行车值班员或司机应立即报告行车调度员；行车值班员、行车调度员应分别报告119工作人员、120急救中心和部门领导，报告语言应简明扼要。

⑤ 行车值班员为车控室的责任人。

⑥ 站长（值班站长）为车站责任人。

2. 城市轨道交通火灾处理注意事项

① 站台发生火灾时，应首先关闭站台层送风系统和站厅层的排风系统，开启车站层的排风系统并将烟雾排至地面，从而使进出通道和站厅层形成负压和向下气流，保证人员疏散时逆风行走，不受烟雾伤害。

② 由于列车在隧道内运行会加速周围气体流动，助长火势的蔓延。如果有列车通过车站时，站台岗工作人员不能打开屏蔽门，应待列车通过车站后再打开。

③ 在疏散过程中应注意及时安抚乘客的情绪，合理分流乘客，保证乘客从不同出入口依据最短路径的原则撤离事故站台，把混乱控制在最低程度。

四、测验提学

【单选题】

1. 城市轨道交通发生火灾后，司机必须按规定程序进行报告，并等待（　）的进一步命令指示。

A. 上级领导

B. 行车调度员

C. 车站站长

D. 电力调度员

2. 车站发生火灾，乘客疏散完毕后，根据要求（　）。

A. 关闭所有出入口，并张贴告示

B. 关闭所有出入口（紧急出入口除外），并张贴告示

C. 关闭重点出入口，并张贴告示

D. 关闭火灾发生点出入口，并张贴告示

3. 对于火灾报警系统，以下（　）操作不属于行车值班员的职责范围。

A. 组织灭火

B. 处置初期火情

C. 核实现场为误报后的报警信息复位

D. 消防联动工况后的设备复位

4. 以下关于火灾处理原则的说法，正确的是（　）。

A. 发现火灾处于初起阶段，允许“先报告，后处置”

B. 直接使用消防栓灭火

C. 员工优先疏散

D. 原则上，禁止穿越火灾现场进行疏散

【判断题】

1. 车站（运营期间）若发生火灾警报，启动车站排烟系统，烟雾散尽后即可恢复运营。(   )

2. 站台岗工作人员接到火灾情况报告，直接致电 110 报警中心。(   )

3. 火警警报响起时，值班站长应先确认报警位置，派站台岗工作人员前往查看火情。(   )

4. 城市轨道交通火灾是发生在密闭受限制空间的火灾，一般属于完全燃烧。(   )

5. 车站发生火灾后控制中心（OCC）行车调度员应扣停上下行列车。(   )

任务 3　城市轨道交通列车火灾应急处理

一、情境激学

某日下午，某城市轨道交通 3 号线 101 次列车在屏峰站下行开车，在出站 100 米处，101 次列车第一节车厢突然发生火灾，火势迅速蔓延，列车失去牵引，迫停在屏峰站至小和山站区间。司机立即将现场情况报告行车调度员，行车调度员接报后立即报告上级领导，并立即启动应急预案，命令 101 次列车司机按照应急疏散预案要求进行先期处置。101 次列车司机得到行车调度员命令后，按照应急预案要求打开应急门将乘客紧急疏散到地面；行车调度员命令小和山站按预案封站和组织救援人员到区间引导疏散乘客。行车调度员立即向公安轨道交通支队值班室、119、110、120 报警请求支援。

在学习完本任务内容后，我们将能全面把握城市轨道交通列车火灾应急处理的要点，并能根据特定情境制定应急处理方案，进一步强化安全责任意识，提高对列车火灾风险的应急处理能力。

二、任务践学

城市轨道交通列车火灾应急处理的流程如图 7-11 所示。

任务活动 1　报告灾情与先期灭火

列车司机发现列车着火或者接到乘客报告时，立即向行车调度员报告，报告的内容包括列车位置、列车能否继续行驶、火势、伤亡情况。通过广播安抚乘客，引导乘客用灭火器灭火，做好车内通风和排烟。

任务活动 2　指挥调度

① 行车调度员甲将该突发事件报告值班主任后通知行车值班员，命令车站工作人员立即启动区间列车火灾预案，立即封站并向区间派出应急救援小组。通知环境控制调度员开启隧道风机相应工况模式，并通知电力调度员准备对相应区段紧急停电。

② 行车调度员乙立即在两端车站拦停将要到达本站的上下行列车，来不及拦停时，应呼叫列车停车退回后方站，扣停后续列车。

③ 值班主任得到报告后立即向公安轨道交通支队、轨道消防支队报警，请求现场救援。

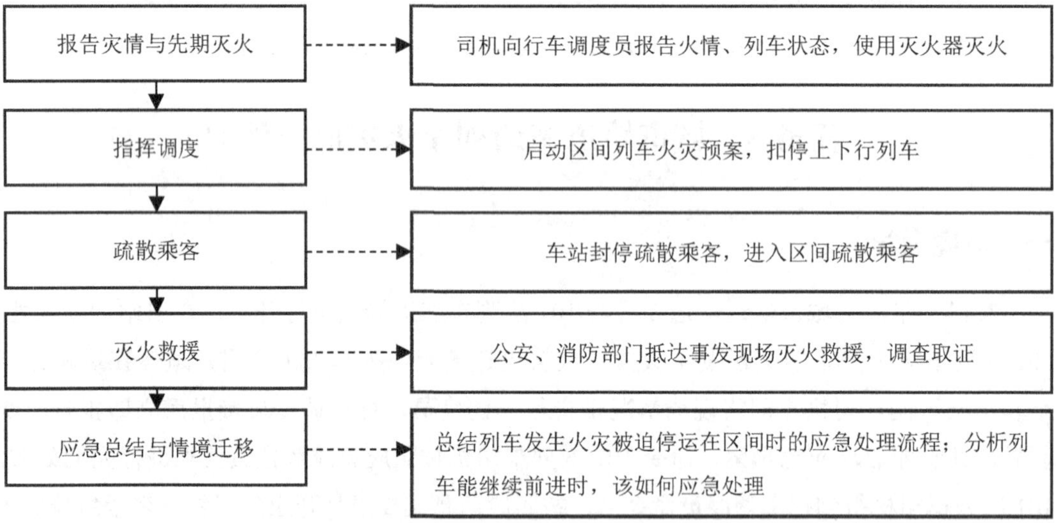
报告灾情与先期灭火
司机向行车调度员报告火情、列车状态，使用灭火器灭火
指挥调度
启动区间列车火灾预案，扣停上下行列车
疏散乘客
车站封停疏散乘客，进入区间疏散乘客
灭火救援
公安、消防部门抵达事发现场灭火救援，调查取证
应急总结与情境迁移
总结列车发生火灾被迫停运在区间时的应急处理流程；分析列车能继续前进时，该如何应急处理

图 7-11　城市轨道交通列车火灾应急处理流程

任务活动 3　疏散乘客

① 车站工作人员启动区间列车火灾预案，行车值班员报告值班站长后，对全站进行广播。

通过广播告知车站工作人员，广播内容为："车站工作人员请注意，现在出现紧急情况需要临时封站，请各岗位人员根据预案，到规定地点引导乘客出站。"

通过广播告知乘客封站信息，广播内容为："各位乘客，现在出现紧急情况需要临时封站，请大家根据工作人员的引导立即向站外疏散，不要慌张、不要拥挤、保持镇定，请帮助身边的老人和小孩。"

② 值班站长在得到救援命令、带领车站救援小组做好自身防护后，进入区间引导乘客从列车有序疏散到车站站台。

【知识链接】列车在区间发生火灾时的人员疏散

根据列车火灾位置的不同，有不同的应急疏散方案。车头着火时，乘客从车尾下车后步行到后方车站；车尾着火时，乘客从车头下车后步行至前方车站；列车中部着火时，乘客从列车两端下车后步行至前、后方车站。在疏散过程中，乘客身体应为匍匐状态或弯腰，避开烟雾、毒气的袭击，并用水将衣服、手绢等物品弄湿，捂住口鼻严防烟雾、毒气吸入体内，防止中毒，同时要使用打火机、手机、手电筒等一切发光体寻找疏散标志。

任务活动 4　灭火救援

公安、消防部门抵达事发现场灭火救援，调查取证。火灾被扑灭后，通知各相关专业部门检查设备状况，具备行车条件后通知全线恢复列车运营，调整列车运行秩序。

任务活动 5　应急总结

根据先前任务实施的过程，明确各岗位的工作职责，整理汇总列车火灾应急处理时不同岗位的处理措施。当列车被迫停运在隧道区间，列车能继续前进时，该如何应急处理呢？

列车在运行过程中出现事故或火灾，应尽可能将列车驶入车站，因为停在隧道区间，无论是对火灾扑救还是对人员疏散都极为不利。但是，火势较大的情况下，一方面列车可能受到电气设备故障的原因无法继续前行；另一方面列车带着火源强行前进，存在着一定的安全隐患，因为高速运动的气流将导致大量氧气的补入，最后造成风助火势，越燃越旺，从而加大了疏散难度和火灾的危害度。因此当列车发生火灾时，应该根据火势的大小和列车的运行状态做出不同的应急措施。

① 火势较大，列车被迫在隧道区间停车时，各岗位职责按如表 7-2 所示。

表 7-2　火灾导致列车迫停时各岗位的岗位职责

<table>
<tr><th colspan="2">岗位</th><th>岗位职责</th></tr>
<tr><td colspan="2" rowspan="3">司机</td><td>列车发生火灾在隧道区间被迫停车后，司机须迅速判明火情，立即报告行车调度员</td></tr>
<tr><td>降下受电弓</td></tr>
<tr><td>广播安抚乘客，引导其使用灭火器自救，并组织乘客疏散。如果火灾发生在列车前部，乘客从列车后端疏散；如果火灾发生在列车尾部，乘客从列车前端疏散；如果火灾发生在列车中部，乘客从列车前后两端同时疏散。司机打开车头疏散门，引导乘客疏散，在迅速实施前端疏散后，要尽力判明后端疏散情况，若后端乘客未能疏散时，通过列车广播指引乘客打开后端疏散门。司机在确保自身安全的前提下设法灭火或者到列车后端疏散乘客</td></tr>
<tr><td rowspan="2">指挥中心</td><td rowspan="2">行车调度员</td><td>报告值班主任、环境控制调度员、相关运营公司生产调度室</td></tr>
<tr><td>向两端车站发布封锁区间的调度命令，阻止列车进入该区间</td></tr>
</table>

（续表）

岗位		岗位职责
指挥中心	电力调度员	对列车所在供电区段的上行线和下行线的接触网紧急停电
	环境控制调度员	启动区间火灾模式
	值班主任	通知两端车站疏散乘客，若列车停留区域具备打开侧门条件，根据现场情况判断是否要求司机打开侧门
区间两侧车站	行车值班员	接到火灾报告后，立即报告值班站长，通知相关岗位工作人员，将进出闸机设置为紧急模式状态，并开启相应的区间工作照明，做好乘客广播
	值班站长	邻近列车的前、后方车站值班站长根据行车调度员指令带领站务人员或车站保安立即进入隧道协助灭火、引导乘客疏散，并做好消防队员的引导工作

② 火势较小，列车可以维持进站时，各岗位职责如表 7-3 所示。

表 7-3　火灾导致列车能继续运行时各岗位的岗位职责

岗位		岗位职责
司机		判明火情并迅速向行车调度员和两端车站报告
		根据情况，先行采取灭火措施
		维持运行至前方车站
		如果确认发生火灾，通过广播安抚乘客，引导乘客使用车上灭火器进行灭火
指挥中心	行车调度员	报告值班主任、环境控制调度员、相关运营公司生产调度室
		命令着火列车将要到达的车站，提前封站，疏散乘客
		命令上下行列车立即开车
		扣停后续列车
	环境控制调度员	启动区间火灾模式
	值班主任	命令邻近列车和前方车站或后方车站组织工作人员前往火灾列车灭火并协助乘客疏散
区间两侧车站	行车值班员	接到列车发生火情的消息，通知站台安全员确认火灾情况后，立即报告值班站长及车站公安室，并拨打 119、120
		通知相关岗位人员执行列车火灾紧急疏散预案，并广播通知乘客进行紧急疏散
	值班站长	带领售检票人员立即前往站台与站台安全员共同做好灭火、疏散的准备
	站台安全员	负责列车上的乘客疏散，并使用消防栓（水枪）在列车停车后准备灭火

三、策略深学

1. 城市轨道交通列车火灾防控原则

① 严格控制可燃物，降低火灾荷载。

② 设置消防设施，确保其完好有效。例如，在列车上配置灭火器、设置吸气式烟雾报警系统。

③ 提高人员应急处置能力。科学制定火灾处置预案，组织单位职工和群众参加应急演练，检验应急处置装备、技术的应用效果，及时查找出影响应急处置的不利因素，研究分析相应问题及解决方案。

④ 加强应急救援能力。为了加强应急救援能力，需要建立高效的应急救援体系，建立和完善应急救援预案，加强应急救援队伍和装备建设，强化应急救援专业训练和社会应急培训，完善队伍管理体制和保障制度，建立跨区域应急救援作战体系。

⑤ 提高公众消防安全意识和自救能力。

2. 列车火灾处理注意事项

① 列车在隧道区间发生火灾时，列车驾驶员应尽可能将列车驶向前方车站，迅速打开站台侧门，利用车站站台疏散乘客，利用车站隧道的防排烟系统排除烟气。如果列车不能驶入前方车站，停在隧道区间，必须紧急疏散乘客。列车在车站发生火灾时，可以利用车站楼梯、出入口迅速疏散乘客，环境控制调度员应执行火灾排烟模式，车站工作人员应立即关闭自动扶梯，引导乘客出站，并阻止乘客进站乘车。

② 隧道火灾初期阶段，应按照以应急疏散为主，应急疏散和灭火救援协调统一的原则设定安全疏散路线和灭火救援路线。灭火救援应在应急疏散基本完成后展开。

③ 应避免疏散路径和救援路径的交叉，以防造成二次伤害事故。

④ 发生严重交通堵塞的隧道，消防车不宜靠近交通堵塞区域；灭火救援人员应充分利用隧道内的消防设施设备实施灭火救援。

四、测验提学

【单选题】

1. 下列关于火灾疏散的原则，错误的是（　　）。

A. 火灾区域有限时，引导乘客从未受影响区域疏散至站外

B. 如刚好有列车到站时，由车站、司机组织站台乘客上车，尽快驶离事发车站

C. 可穿越火灾现场进行疏散

D. 组织疏散时，要求逆风迎面疏散

2. 在站列车发生突发事件，现场指挥应由（　）担任。

A. 列车司机

B. 所在车站的行车值班员

C. 所在车站的值班站长

D. 行车调度员

3. 列车在隧道区间发生重大火灾，且列车无法前行时，司机应当（　）。

A. 切断外部高压电源，启动列车应急电源

B. 切断所有电源

C. 无须切断电源

D. 切断外部高压电源

4. 列车发生火灾被迫在隧道区间停车后，司机应迅速判明火情，立即报告（　）。

A. 单位领导

B. 行车值班员

C. 公安机关

D. 行车调度员

【判断题】

1. 采用疏散平台疏散方式：列车车头或车尾着火，无法在隧道区间行驶，并且乘客疏散路径为单向时，司机可开启疏散平台侧车门进行疏散，环境控制调度员应根据乘客疏散方向启动相应的区间火灾模式，使乘客顺风疏散。（　）

2. 列车在行进途中的火灾处理，分为可以继续行驶至最近站进行灭火和停在隧道区间应急处理，前一种的应急处理难度较小。（　）

3. 列车在隧道区间发生火灾时，行车调度员要立即扣停后续列车，通报各站，调整列车运行。（　）

4. 列车发生火灾停车后，司机完成汇报等工作即可前往着火处灭火。（　）

5. 列车发生火灾时抢救工作应坚持“先救物，后救人”的原则。（　）

任务 4　站台火灾的应急处理模拟实训

根据本项目所学内容，以小组为单位开展车站站台火灾应急处理实训演练，即在火势无法控制的情况下，组织乘客疏散，按照火灾预案参与事故救援。

一、任务分工

演练角色设置：建议每小组学员 9 人左右，其中两人担任观察兼监督员，负责实训过

程中的视频录像与文字记录，值班站长、行车值班员、站台岗工作人员各 1 名，另设置售票员、公安、保安、驻站工班人员配合演练。

二、工具准备

1. 灭火工具：各类灭火器、消防栓。
2. 隔离工具："暂停服务" 警示牌、警戒绳、隔离栏杆等。
3. 通报公示工具：对讲机、手持广播、扩音器。
4. 应急疏散工具：应急照明灯、荧光服、临时导向标志、防毒面具。
5. 医疗急救工具：急救箱、棉签、消毒水、医用纱布、绷带、创可贴、止痛药等。

三、方案 / 程序实施

按照城市轨道交通车站火灾应急处理程序，请各小组在运营实训中心，按职业岗位角色分工合作，模拟站台发生火灾后的处理过程。

1. 确认灾情

车站工作人员发现火灾后，应立即向行车值班员和值班站长报告，行车值班员依次上报环境控制调度员、行车调度员、119 工作人员和 120 急救中心。及时到站台确认火灾规模，立即采取灭火措施。

2. 疏散乘客

启动应急预案命令，行车值班员通过广播、扩音器等向乘客通报火灾情况，按压自动售检票系统（AFC）紧急按钮，打开所有进出站闸机，组织工作人员有序疏散乘客，稳定乘客情绪，并在进口处阻止乘客进站。

3. 恢复运营

火灾扑灭后，车站具备正常运营条件，清理现场，行车值班员报告行车调度员，行车调度员发布恢复正常运行命令。

四、模拟检查

在实训过程中，两名观察兼监督员及指导教师对学员的操作状况进行详细的记录，包括应急处理的流畅度、准确度、速度等；模拟实训结束后，可以通过查看实训的视频录像，对学员应急模拟的每个步骤的完成情况进行检查，并将结果及时反馈给学员。

在实训过程中，每个学员按照不同角色进行演练，角色与角色之间进行轮换。实训活动的考核主要围绕如表 7-4 所示的评价表中的要点进行。

表 7-4　站台火灾应急处理模拟实训的过程评价表

实训任务	站台火灾应急处理		
任务说明	站台发生火灾后，组织乘客撤离，参与火灾救援		
班级		姓名	
学习小组		实训时间	

考核目标

1. 能安抚乘客、组织乘客进行疏散。
2. 能按照程序汇报相关信息。
3. 掌握发生火灾时各工作岗位的职责

考核内容

考核项目	考评细则	分值	得分
值班站长职责	接到火灾通知后，立即到现场进行确认	2	
	确认发生火灾后，通知车站控制室宣布执行火灾应急处理程序，组织疏散乘客和开展灭火工作	5	
	通知公安、保安、驻站工班人员协助灭火并上报客运中心主任	5	
	组织员工使用灭火器进行灭火，控制火势蔓延	5	
	组织并确认全部员工往站外撤离，到出入口处清点人数	5	
	火灾扑灭后，组织员工清理现场	2	
	车站具备开通条件后，按照行车调度员命令，恢复运营服务	1	
行车值班员职责	接到火警信息后，通知站台岗工作人员到报警点确认火情，并将情况报告值班站长	5	
	接到值班站长下达的紧急疏散指令后，立即向全体员工进行火灾广播，宣布紧急疏散指令	5	
	报告行车调度员、环境控制调度员，并根据值班站长的指示，拨打 119、110	5	
	按压自动售检票系统（AFC）紧急按钮，然后开启车站排烟系统	5	
	向乘客广播车站发生火灾，暂停客车服务，请乘客尽快疏散出站	5	
	从安全方向撤离出站	1	
	火灾扑灭后进行现场清理，清理完毕后报告行车调度员，得到行车调度员恢复运营的指令后，恢复自动售检票系统（AFC）正常模式运行，通知恢复服务工作	4	
站台岗工作人员职责	接到紧急疏散指令后，停止售票，收好票、款	5	
	到出入口张贴暂停服务公告，阻止乘客进站乘车	5	
	接到紧急疏散指令后，组织站台乘客从站台未失火的一端疏散到站厅，阻止站厅乘客下站台乘车，引导站厅乘客从未受火灾影响处疏散出站，检查确认站台没有遗留乘客后报告车站控制室	3	

（续表）

站台岗工作人员职责	检查确认站厅没有遗留乘客后报告车站控制室	3	
	根据行车值班员通知，确认并报告车站控制室火灾位置、大小、性质等，在第一时间灭火，控制火势蔓延	3	
	及时佩戴使用呼吸器	2	
	从安全方向撤离到出入口	1	
	火灾被扑灭后，按值班站长指示清理现场，恢复服务	1	
总评成绩			

任务完成人签字：

日期：　　年　月　日

指导教师签字：

日期：　　年　月　日

五、评价

在完成模拟实训后，依据表 7-5 完成站台火灾的应急处理模拟实训的总结评价。

表 7-5　站台火灾的应急处理模拟实训总结评价表

模拟实训：站台火灾应急处理				
考核内容			分值	考核得分
1. 实训方案的准备情况			30	
2. 实训过程考核			40	
3. 对实训遇到问题的解决情况			20	
4. 课堂表现及职业素养			10	
总体评价				
教师评价	小组评价（组间、组内互评）	个人自评	学生姓名	
			分数	

阅读拓学

金怡，女，汉族，上海南汇人，2000年9月入伍，中共党员，时任上海市消防救援总队轨道交通支队防火监督科科长，高级专业技术职务，专业技术二级指挥长消防救援衔。

2010年，金怡加入轨道消防支队，担任防火监督员。有别于其他行业，轨道消防监督检查往往需要在深夜地铁停运后开展，隧道区间阴暗闷热、满是油泥的环境让很多男同志都避之不及。作为队伍中最瘦弱的女干部，金怡起初并不为人所看好，但她小小的身体里似乎蕴藏着巨大的能量，一个小小的种子在她心中萌芽："我要努力做地铁里最懂消防，消防里最懂地铁的人！"

为了使消防检查更加有的放矢，金怡在工作之余努力学习地铁和消防相关技术标准，不放过每一次监督检查的机会，在隧道区间、地下风井、施工现场向一线员工印证从书本上学到的理论。时光不负有心人，蜕变是馈赠亦是见证。34岁那年，金怡成功聘任了高级工程师，成为了当时上海消防系统最年轻的高级工程师。

在轨道消防支队工作的13年里，她针对地铁消防安全开展了大量的技术研究，撰写的《喷淋系统对火灾烟气影响的数值分析》《气体灭火系统在地铁区域的应用》《轨道交通用磷酸铁锂电池系统的火灾风险及防范对策》等大量调研论文被核心期刊发表，也参与了《可视图像早期火灾报警系统技术规程》等多部国家标准的起草制定，填补了轨道消防监管领域的空白。金怡先后获得了中国科技大学火灾国家重点实验室安全系统工程专业的硕士学位、国家一级消防注册工程师资格、国家中级注册安全工程师资格，5次荣立个人三等功，被评为2016—2020年度上海市应急管理工作先进个人。

因为守护得当，十多年里，上海轨道交通区域从未发生过有较大影响的火灾，但金怡始终放心不下、居安思危，主动围绕地铁消防安全薄弱环节进行大胆探索。检查中她发现，上海508座地铁车站的消防安全管理制度虽然目标方向一致，但也存在标准不一、落实不均的问题，需要制定一套通用的制度实行标准化管理。可标准的制定并非易事，不仅要收集大量的基础资料，也需要得到监管对象的思想认同和大力支持。

在此后的三年时间里，金怡带领科室人员收集了消防法律法规、上海地铁所有的消防管理制度和相关工作标准，将消防标准与轨道交通消防工作实际结合，围绕地铁消防管理"责任、标准、处置、联动"四项核心内容，新编和修订了5项操作规程和19项管理制度，初步建立了消防安全标准化管理体系。

在此基础上，她将消防基础资料、专项和关联台账进行梳理，围绕工作流程、设备管理、台账记录、应急处置和监督检查5个标准化，制定了《轨道交通车站消防安全管理指导手册》，并根据车站6个具体岗位，将每日、每月、每年的消防工作梳理制作成消防工作责任卡片，真正实现了责任到人、到岗，同时也因为没有给地铁运营一线员工增加负担，广受监管对象好评。

上海市消防救援总队轨道交通支队为全市其他行业单位开展消防标准化管理工作树起旗帜、做出样板，也引领了全国轨道交通行业在消防安全管理方面的标准化建设。在标准化体系建设过程中，《城市轨道交通消防安全管理》国家标准，以及《城市轨道交通消防安全管理基本要求》《城市轨道交通消防安全评估》等地方标准相继出台，为我国城市轨道消防工作的发展打下了坚实的基础。

项目小结

请依据本项目的学习与实践，填写表 7-6，完成本项目的总结提升。

表 7-6　项目小结

<table>
<tr><th colspan="2">教学提纲</th><th rowspan="2">主要内容简述</th></tr>
<tr><th>一级</th><th>二级</th></tr>
<tr><td rowspan="5">认识城市轨道交通火灾</td><td>特点</td><td></td></tr>
<tr><td>成因</td><td></td></tr>
<tr><td>危险源</td><td></td></tr>
<tr><td>消防设备设施</td><td></td></tr>
<tr><td>预防</td><td></td></tr>
<tr><td rowspan="2">城市轨道交通车站火灾应急处理</td><td>标准化作业流程</td><td></td></tr>
<tr><td>各岗位工作职责</td><td></td></tr>
<tr><td rowspan="6">城市轨道交通列车火灾应急处理</td><td>报告灾情</td><td></td></tr>
<tr><td>先期灭火</td><td></td></tr>
<tr><td>指挥调度</td><td></td></tr>
<tr><td>疏散乘客</td><td></td></tr>
<tr><td>灭火救援</td><td></td></tr>
<tr><td>应急总结</td><td></td></tr>
</table>

评价量规

请结合本项目各任务的学习和实践情况，完成项目的总体评价，并将评价结果填写在表 7-7 中。

表 7-7　评价量规

课程名称：								所属专业：				
姓名：			学号：			班级：			组别：			
填表人：								填表日期：				
评价指标（总分 100 分）		权重	等级说明					评价主体				
一级指标	二级指标		优秀（100 ～ 90 分）	良好（90 ～ 80 分）	中等（80 ～ 70 分）	合格（70 ～ 60 分）	不合格（60 ～ 0 分）	学生自评	组内互评	组间互评	教师总评	
专业能力 40%	正确度	0.2										
	规范度	0.2										
学习能力 20%	参与度	0.1										
	合作度	0.1										
职业素养 20%	责任度	0.1										
	坚韧度	0.1										
工匠素养 20%	精益度	0.1										
	善为度	0.1										
总计：												

注：
1. 该表的满分为 100 分。
2. 每项平均分标准按优秀、良好、中等、合格、不合格五个等级评分。
3. 每个指标小计得分 =［学生自评 ×30%+（组内互评 + 组间互评）÷2×30%+ 教师总评 ×40%］× 权重。
4. 各项指标小计得分总和即为该学生总得分。
5. 本量规表适用于学生自评、组内互评、组间互评和教师总评

项目 8
恶劣天气与自然灾害的应急处理

案例导学

2021 年 7 月 20 日，郑州市突降罕见特大暴雨，造成郑州地铁 5 号线五龙口停车场及其周边区域发生严重积水现象（见图 8-1）。18 时许，积水冲垮出入场线挡水墙进入正线区间，造成郑州地铁 5 号线一趟列车在沙口路站——海滩寺站区间内迫停，500 余名乘客被困。在地铁员工、应急救援队、公安民警、解放军指战员、义务救援队及热心乘客的共同努力下，共解救乘客 500 余名，12 名乘客经抢救无效不幸罹难。河南省委省政府、郑州市委市政府立即成立工作专班，全力组织开展搜救排查、抢险排水，分别于 2021 年 7 月 24 日 14: 00、7 月 25 日上午 6: 30 左右，又发现 2 名遇难者。此次事故共造成 14 人不幸遇难。

图 8-1　郑州地铁 5 号线“7 · 20 事件”

事故分析：

1. 应急处置不力。7 月 19 日至 20 日，气象部门多次发布暴雨红色预警后，郑州地铁集团有限公司未按有关预案要求加强检查巡视，对运营线路淹水倒灌隐患排查不到位；在 20 日 15:09 五龙口停车场多处临时围挡倒塌、16:00 地铁 5 号线多处进水的情况下，郑州地铁集团有限公司没有引起高度重视，没有领导在控制中心（OCC）和现场一线统一指挥、开展有效的应急处置，直到 18:04 才发布线网停运指令，此时列车已失电迫停。郑州地铁集团有限公司应对处置管理混乱，未执行重大险情报告制度，事发整个过程都没有启动应急响应，18:37 乘客疏散被迫中断，但直到 19:48 地铁运营分公司才向郑州地铁集团有限公司值班处报告，400 多名乘客已被困车厢 1 个多小时，严重延误了救援时机。

2. 行车指挥调度失误。20 日 17 时左右洪水冲倒停车场出入场线洞口上方挡水围墙、急速涌入地铁隧道后，因道岔发生故障报警，列车在海滩寺站被扣停车，在没有查清原因、不了解险情的情况下于 17:46 又放行。17:47 水淹过轨面后，司机按照规定制动停车，但控制中心（OCC）主任调度员在未研判掌握列车现场险情的情况下，指令列车退行，约 30 米后列车失电迫停，导致列车所在位置标高比退行前所在位置标高低约 75 厘米，增加了车内水深，加重了车内被困乘客险情。

3. 违规设计和建设施工。包括应急管理部、水利部、交通运输部、住房和城乡建设部在内的调查组经后续查证，发现数个严重问题：一是擅自变更设计。郑州地铁集团有限公司为了物业开发将五龙口停车场运用库东移 30 米、地面布置调整为下沉 1.973 米，使停车场处于较深的低洼地带，导致自然排水条件变差，不符合《地铁设计规范》相关规定，属于重大设计变更，但未按规定上报审批。二是停车场挡水围墙质量不合格。停车场挡水围墙按当时地面地形“百年一遇内涝水深 0.24 米”设计，经调查组专家验算“百年一遇”的内涝水深应为 0.5 米。建设单位未经充分论证，用施工临时围挡替代停车场西段新建围墙，长度占挡水围墙四成多，几乎没有挡水功能；施工期间，又违反工程基本建设程序，对工程建设质量把关不严，围墙未按图纸施工。三是五龙口停车场附近明沟排涝功能严重受损。明沟西侧因道路建设弃土形成长约 300 米、高约 1 米～ 2 米带状堆土，没有及时清理，妨碍排水。有关单位违规将部分明沟加装了长约 58 米的盖板，降低了收水能力。

学习目标

1. 知识目标

① 了解恶劣天气种类和对城市轨道交通的影响。

② 掌握恶劣天气情况下城市轨道交通的应急处理措施。

2. 能力目标

① 通过真实案例分析，提高学生分析问题、解决问题的能力。

② 通过项目模拟，提高学生综合实践的能力。

3. 素养目标

① 通过小组合作，树立合作意识，在恶劣天气、自然灾害发生时能够合理分工应对事件。

② 通过项目实训，面对突发情况，培养学生应变能力。

③ 通过项目实训，形成“抢险救灾、众志成城”的良好素养。

项目框架

恶劣天气与自然灾害应急处理项目共分 4 个任务，如图 8-2 所示。

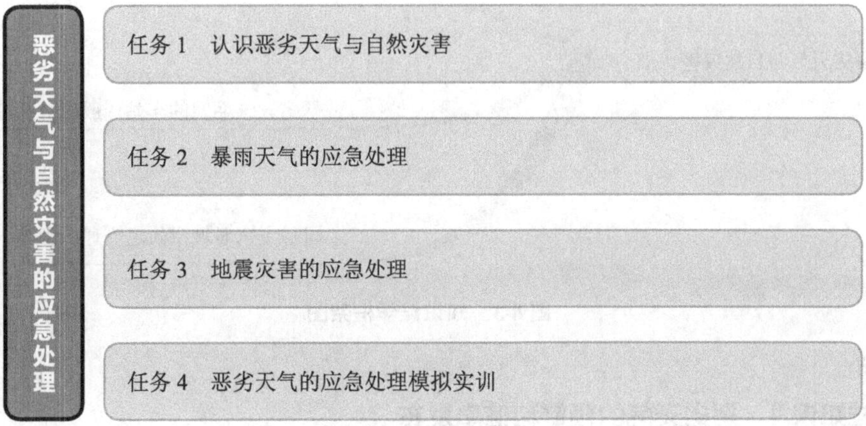

图 8-2　项目框架图

任务 1　认识恶劣天气与自然灾害

一、情境激学

城市轨道交通系统在恶劣天气和自然灾害面前始终面临着巨大的挑战。暴风雨、地震、洪水等自然灾害不仅会影响列车的正常运行，还可能对乘客和员工的安全构成威胁。因此，对于城市轨道交通运营方来说，了解和应对这些挑战至关重要。作为未来的城市轨道交通运营服务的工作者，你是否知道如何应对这些自然灾害和恶劣天气的影响呢？你是否了解如何保障乘客和员工的安全呢？

本任务将带我们认识恶劣天气与自然灾害对城市轨道交通产生的影响，以及车站的一般应对措施。通过学习本任务，我们将能够了解各种可能影响城市轨道交通系统的恶劣天气和自然灾害类型，以及它们可能造成的影响；全面把握城市轨道交通在应对恶劣天气和自然灾害时的策略和措施，进一步强化安全责任意识，为未来的城市轨道交通运营维护工作打下坚实的基础。

二、知识链学

认识恶劣天气与自然灾害要完成 3 个领域知识的学习，如图 8-3 所示。

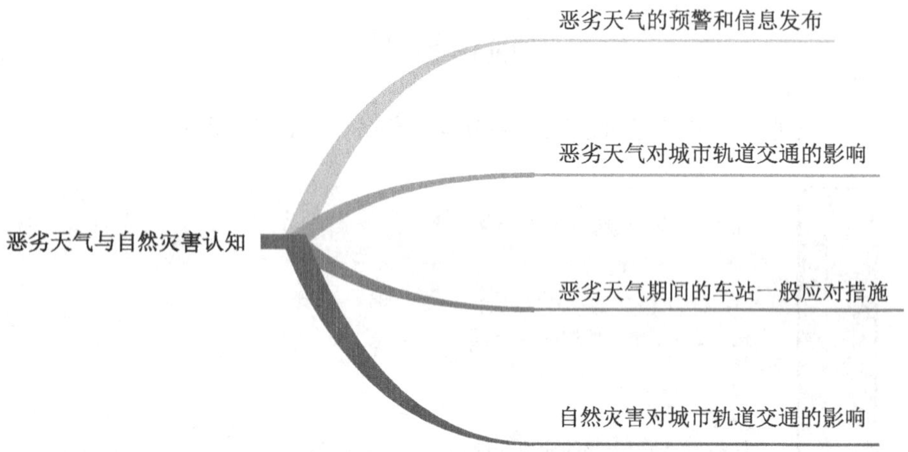

图 8-3　知识链学框架图

领域知识 1　恶劣天气的预警和信息发布

1. 恶劣天气的定义

恶劣天气是指不利于人类生产和活动，具有破坏性的，发生突然、移动迅速、破坏力极大的局地灾害性天气，包括台风、暴雨、暴雪、大雾等天气。

2. 预警信号的等级标准

中国气象局规定的气象灾害预警信号（简称预警信号）有台风、暴雨、暴雪、寒潮、大风、沙尘暴、高温、干旱、雷电、冰雹、霜冻、大雾、霾、道路结冰，除干旱外，其他 13 种气象灾害对城市轨道交通运营安全都有较大影响，都可以归入影响城市轨道交通的恶劣天气中。其中台风、暴雨、暴雪、大雾是常见的影响城市轨道交通的气象灾害天气。

在这四种气象灾害天气中，按照灾害危害程度、紧急程度和发展态势，除大雾预警信号外，预警信号一般划分为四级：Ⅰ（特别严重）、Ⅱ（严重）、Ⅲ级（较重）、Ⅳ级（一般），依次用红色、橙色、黄色和蓝色表示，并同时以中英文标识。表 8-1、表 8-2、表 8-3、表 8-4 分别为台风、暴雨、暴雪、大雾预警信号的标准和图标。

表 8-1　台风预警信号

级别	标准	预警信号图标
红色预警	6 小时内可能或者已经受热带气旋影响，沿海或者陆地平均风力达 12 级以上，或者阵风达 14 级以上并可能持续	
橙色预警	12 小时内可能或者已经受热带气旋影响，沿海或者陆地平均风力达 10 级以上，或者阵风 12 级以上并可能持续	
黄色预警	24 小时内可能或者已经受热带气旋影响，沿海或者陆地平均风力达 8 级以上，或者阵风 10 级以上并可能持续	
蓝色预警	24 小时内可能或者已经受热带气旋影响，沿海或者陆地平均风力达 6 级以上，或者阵风 8 级以上并可能持续	

表 8-2　暴雨预警信号

级别	标准	预警信号图标
红色预警	3 小时内降雨量将达 100 毫米以上，或者已达 100 毫米以上且降雨可能持续	
橙色预警	3 小时内降雨量将达 50 毫米以上，或者已达 50 毫米以上且降雨可能持续	

（续表）

级别	标准	预警信号图标
黄色预警	6 小时内降雨量将达 50 毫米以上，或者已达 50 毫米以上且降雨可能持续	
蓝色预警	12 小时内降雨量将达 50 毫米以上，或者已达 50 毫米以上且降雨可能持续	

表 8-3　暴雪预警信号

级别	标准	预警信号图标
红色预警	6 小时内降雪量将达 15 毫米以上，或者已达 15 毫米以上且降雪持续，可能或者已经对交通或者农牧业有较大影响	
橙色预警	6 小时内降雪量将达 10 毫米以上，或者已达 10 毫米以上且降雪持续，可能或者已经对交通或者农牧业有较大影响	
黄色预警	12 小时内降雪量将达 6 毫米以上，或者已达 6 毫米以上且降雪持续，可能对交通或者农牧业有影响	
蓝色预警	12 小时内降雪量将达 4 毫米以上，或者已达 4 毫米以上且降雪持续，可能对交通或者农牧业有影响	

表 8-4 大雾预警信号

级别	标准	预警信号图标
红色预警	2 小时内可能出现能见度小于 50 米的雾，或者已经出现能见度小于 50 米的雾并将持续	
橙色预警	6 小时内可能出现能见度小于 200 米的雾，或者已经出现能见度小于 200 米、大于或等于 50 米的雾并将持续	
黄色预警	12 小时内可能出现能见度小于 500 米的雾，或者已经出现能见度小于 500 米、大于或等于 200 米的雾并将持续	

3. 恶劣天气的信息发布

控制中心值班主任确认影响运营安全的恶劣天气预报后，必须将信息发布给受到影响的当值人员。遇台风、暴雨、暴雪、大风等天气，值班主任必须向控制中心全体当值员工、运营公司总部经理及副经理、当值运营及维修管理人员及其负责人发布信息。遇寒潮、冰雹天气，值班主任必须向控制中心全体当值员工、当值运营及维修管理人员及其负责人发布信息。

遇台风、暴雨、沙尘暴、大风、冰雹等天气，行车调度员必须向车站控制中心、维修调度员、正线列车司机及控制中心物业值班人员发布信息。遇大雾天气，行车调度员必须向车站控制中心、正线列车司机发布信息。遇其他恶劣天气，行车调度员必须向车站控制中心及控制中心物业值班人员发布信息。向司机发布信息的方式为无线电台；向其他部门或人员发布信息的方式为传真，发出传真后，必须经电话确认。

领域知识 2 恶劣天气对城市轨道交通的影响

1. 暴雨可能造成的危害

① 影响行车视距。

② 影响信号设备，导致设备故障。

③ 引发洪水或山体滑坡，损害线路，影响行车。

④ 风雨较大时，车站出入口可能因雨水倒灌，危及电扶梯安全运行和乘客安全。

⑤ 因雨水长时间浸泡，导致地面线路路基出现下沉、出入段线路边坡坍塌和挡土墙坍塌。

⑥ 因排水不畅造成水淹道床轨道，导致列车无法通过，影响行车安全。

2. 台风、大风（含龙卷风）可能造成的危害

① 轨行区异物侵入（线路旁树木以及其他物体侵入）线路限界或车辆被强风吹袭危及行车安全，甚至可能导致列车脱轨、倾覆等危害；电客车、工程车遭受雷击，导致机车车辆损坏，并造成人员伤亡。

② 电缆架受台风吹袭变形损坏而影响接触网送电。

③ 车站结构、幕墙、广告灯箱、变电所、机电设备等遭受大风或雷击，致使电缆熔断，引起火灾或设施破坏，导致人员伤亡。

④ 台风造成露天线路列车受电弓与接触网被异物缠绕，导致短路或损坏，引起火灾或漏电，停靠在开放式停车库的列车被大风刮起的杂物损坏。

3. 高温可能造成的危害

① 高温导致钢轨胀轨变形，或导致接触网变形，影响受电弓与接触网的关系，导致接触网碰弓、打弓。

② 用电量过高，电线、变压器等电力设备负荷大，容易引发火灾；各种电气设备受高温影响，散热困难，导致热量积聚，容易引起电气火灾。

③ 通信、信号机房设备因温度过高而停止运行。

④ 乘客或施工作业人员由于高温引发中暑晕倒，危及乘客或员工的人身安全。

4. 冰雹、暴雪、道路结冰、寒潮可能造成的危害

① 因冰雹、暴雪、道路结冰、寒潮导致钢轨湿滑，致使列车空转滑行，危及行车安全。

② 在电客车、工程机车运行过程中，冰雹袭击列车玻璃，导致玻璃破裂，甚至造成人身伤害。

③ 因冰雹袭击，导致车站、区间相关设施损坏，造成局部供电中断，影响正常运营。

④ 暴雪、道路结冰或寒潮可能造成道岔被冻住而无法操作。

⑤ 暴雪、道路结冰会造成道路结冰湿滑，户外施工作业人员、乘客和车站员工等行走不便；冰雹袭击时，还会危及乘客和员工人身安全。

领域知识 3　自然灾害对城市轨道交通的影响

1. 水灾对城市轨道交通的影响

国内外许多城市的极端强降水事件，造成了城市轨道交通地下空间受淹和巨大的财产损失。城市轨道交通等地下空间，作为地上泛滥河水或暴雨积水极易流侵的半封闭性空间，是水灾危险性极高的空间。当遭遇强降雨、台风、暴雨等极端降水事件及其导致的溃堤、漫堤等事件时，如果没有恰当的措施阻止洪水进入地下空间，洪水在地下空间的扩散将会非常快，水淹深度的上升速度比城市地表快得多。城市轨道交通水灾危害包括：

① 洪水汇集出入口路面，导致大量乘客滞留车站内，造成运营安全风险。

② 车站排水不畅造成大量雨水涌入出入口，导致站台或站厅积水，危及乘客人身安全。

③ 积水灌入地下车站或隧道内，造成人员伤害、设备损坏、地铁局部或全线停止运营。

2. 地震对城市轨道交通的影响

① 地震会对城市轨道交通的建筑结构造成破坏。

② 地震可能会造成城市轨道交通列车脱轨、挤岔、相撞，甚至溜逸；洞下结构局部受损，个别隧道错位，出现地下冒水、漏水现象；供电支架损坏，接触网线脱落；电缆、上下水管道受损，供电、供水中断；乘客在紧急情况下极易发生恐慌，从而造成踩踏事故，继而引发伤亡。大量客流相互拥挤，给紧急疏散增加难度。

三、导图精学

认识恶劣天气与自然灾害的框架知识如图 8-4 所示。

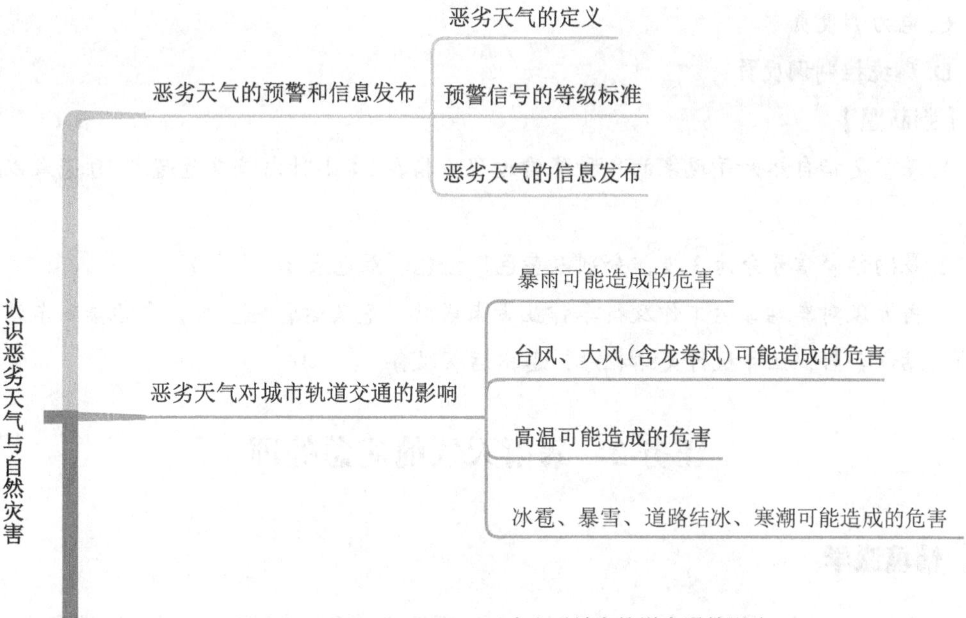

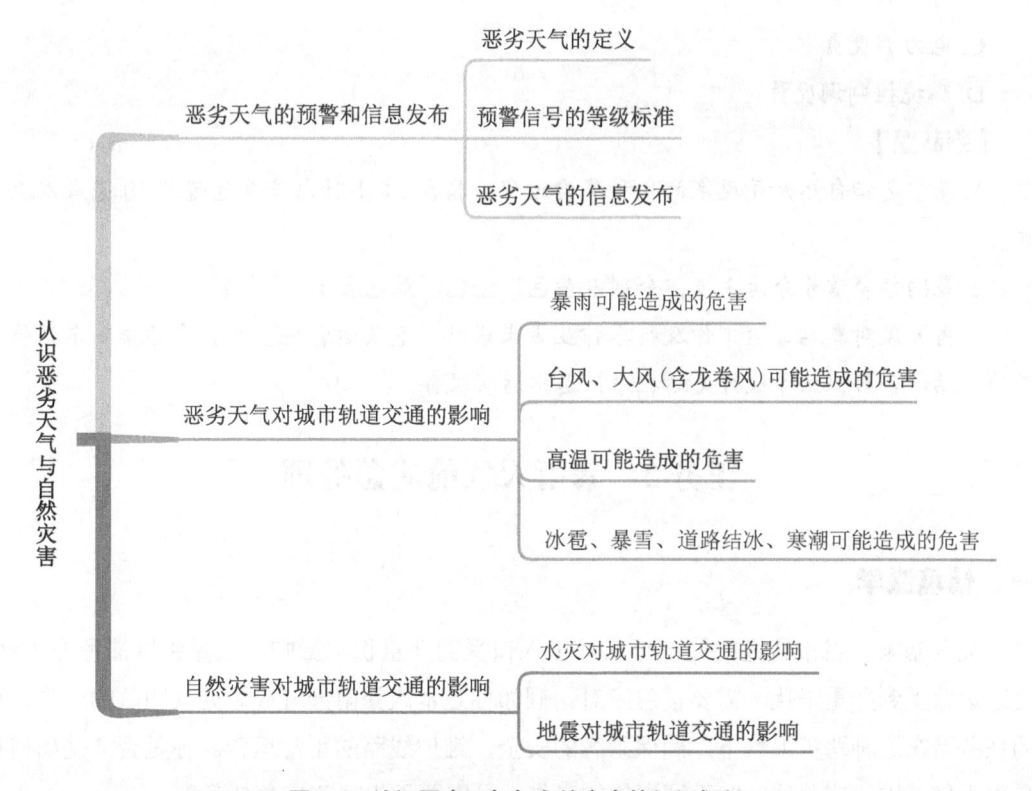

图 8-4 认识恶劣天气与自然灾害的知识框架

四、测验提学

【单选题】

1. 暴雨天气的应急处理主要针对（　　）。

A. 地上车站

B. 地面车站

C. 地下车站

D. 高架车站

2. 大风（台风）天气的应急处理主要针对（　　）。

A. 地上车站

B. 地面车站

C. 地下车站

D. 高架车站

3. 大风造成站台框架晃动或人身易被大风吹动失去控制时，立即组织站台乘客退至站厅安全地带，同时报告（　　）。

A. 值班站长

B. 行车调度员

C. 电力调度员

D. 环境控制调度员

【判断题】

1. 暴雪是指自然天气现象的一种降雪过程，指在 24 小时内降雪量超过 10 毫米以上的雪。（　　）

2. 暴雨预警信号分为 3 级，分别以黄色、橙色、红色表示。（　　）

3. 当大风对车站客运工作及行车作业带来威胁，危及运营安全时，车站接到车站值班员的关站命令后，立即执行关站程序，退出运营服务。（　　）

任务 2　暴雨天气的应急处理

一、情境激学

突发暴雨，城市轨道交通部分车站出入口受到严重积水影响，大量乘客滞留在车站，交通运营受到严重干扰，需要紧急应对。假如你是本次暴雨天气应急处理团队的一员，你的任务是在这种恶劣天气下，确保乘客的安全，维护线路的正常运营。你是否清楚如何在暴雨天气下进行应急处理？不同岗位的工作人员需要承担哪些应急任务？

城市轨道交通系统对暴雨天气的应急处理包括接报雨情、前期应急工作、出入口险情应急、事后恢复 4 个环节。学习完本任务内容后，我们将能够制定暴雨天气应急处理方案，能够快速响应暴雨天气对线路和车站造成的紧急情况，能够协同不同岗位的工作人员，有效地分工合作，提高应急响应效率。

二、任务践学

暴雨天气应急处理包含 4 个任务活动，分别是接报雨情、前期应急工作、出入口险情应急、事后恢复，如图 8-5 所示。

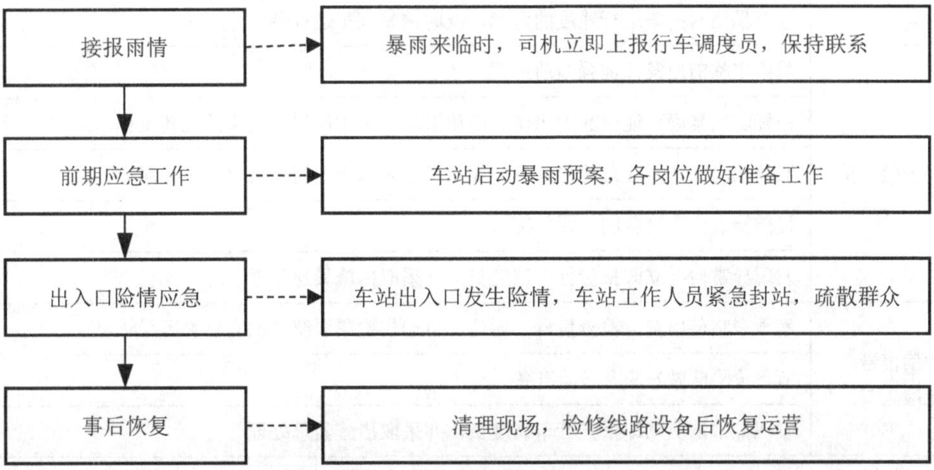
接报雨情
暴雨来临时，司机立即上报行车调度员，保持联系
前期应急工作
车站启动暴雨预案，各岗位做好准备工作
出入口险情应急
车站出入口发生险情，车站工作人员紧急封站，疏散群众
事后恢复
清理现场，检修线路设备后恢复运营

图 8-5　暴雨天气应急处理任务流程

任务活动 1　接报雨情

接报雨情作业中各岗位的岗位职责如表 8-5 所示。

表 8-5　接报雨情作业中各岗位的岗位职责

岗位	岗位职责
司机	司机发现暴雨来临时，立即报告行车调度员。报告用语如下：“行车调度员，我是 ×× 次列车司机，现在 ×× 站至 ×× 站上（下）行区间，出现暴雨情况。”
行车调度员	接到暴雨天气、能见度较低等异常情况的报告后，立即报告值班主任

任务活动 2　前期应急工作

前期应急工作中各岗位的岗位职责如表 8-6 所示。

表 8-6　前期应急工作中各岗位的岗位职责

岗位	处理措施
司机	注意瞭望，控制速度，并开启列车前照灯
	车在高架站进站前应鸣笛
行车调度员	随时与司机保持联系
	通知相关专业部门生产调度室
	加强对列车运行情况的监视，时刻关注在线列车的运行状况
	通知各车站做好站台乘客的安全组织工作
	根据暴雨对列车运行速度的影响，及时调整列车运行图
维保抢险人员	暴雨来临前出发，加强雨前巡视
	做好防治暴雨可能引起的洪涝、山体滑坡、树木倒塌等灾害的准备工作
	应急抢险队做好应急抢险准备（如人员、防水手电筒、雨衣、工兵锹等）
	提前检查供电设备的运行状况
	发现异常情况立即报告行车调度员，并采取措施紧急处理
通信信号抢险人员	暴雨来临前出发，检查信号、通信、自动售检票系统（AFC）的运行状况
	应急抢险队做好应急抢险准备
	发现异常情况立即报告行车调度员，并采取措施紧急处理
值班站长	通知各岗位人员做好乘降组织工作，维持好站台秩序，加强站厅、站台、扶梯口、出入口的巡查
	通知保洁及时清除站内积水，摆放“小心地滑”提示牌
	车站人手不够时，向中心站请求支援
行车值班员	打开车站所有照明
	加强车站广播，提醒乘客注意安全
	加强闭路电视监控系统（CCTV）的监视，密切关注车站情况
站台岗工作人员	做好乘降工作组织，提醒乘客注意安全
	加强站台及站台通往站厅扶梯口、站厅、出入口的巡视，发现积水及时通知保洁清除，摆放“小心地滑”提示牌
	高架站站台屏蔽门受雨水影响容易发生故障，站台岗工作人员应做好屏蔽门故障应急处理。当人手不够时，报告值班站长请求增加支援
	在出入口放置防洪板、沙包，防止雨水倒灌
	加强扶梯口处的安全提示广播
	若出入口处出现险情，则立即报告值班站长

任务活动 3 出入口险情应急

出入口险情应急作业中各岗位的岗位职责如表 8-7 所示。

表 8-7 出入口险情应急作业中各岗位的岗位职责

岗位	岗位职责
值班站长	接到出入口险情报告后，立即前往确认
	险情达到可以关闭出入口的条件后，命令行车值班员将现场情况依次上报相关部门（行车调度员、生产调度员及中心站站长）。汇报用语如下："报告行车调度员，车站XX出入口因积水无法正常通行，请求关闭该出入口。"
	特殊情况（如遭遇特大洪水）下，值班站长可直接决定关闭车站出入口，事后再将信息逐级上报
	出入口关闭后做好现场隔离，对关闭的出入口进行全面检查，确保封闭区域无乘客滞留
	安排职守人员做好解释工作，同时引导乘客从其他出入口进入车站
站台岗工作人员	机动人员按值班站长指示到车站控制室领取服务告示粘贴于出入口处，领取需要关闭的出入口卷帘门钥匙，关闭卷帘门，恢复运营后，撤除告示，归还钥匙
	行车值班员对站内乘客做好广播引导。广播用语如下："各位乘客请注意，因车站X号出入口积水导致无法正常通过，请从其他出入口进出车站，谢谢合作。"
	保安根据值班站长指示到关闭的出入口引导乘客从其他出入口进出车站，并做好解释工作

【知识链接】——关闭车站出入口的条件

① 因暴雨天气、水灾，车站部分出入口因地势或其他原因导致水流倒灌入车站内部，而车站排水能力不足，在采取堵封措施后仍不能缓解，但车站依靠其余出入口仍能正常运营的。

② 因暴雨天气、水灾，车站部分出入口通道内部结构发生多处漏水且滴水成线，导致乘客不能从该出入口正常出入车站，但车站依靠其余出入口仍能正常运营的。

任务活动 4 事后恢复

事后恢复作业中各岗位的岗位职责如表 8-8 所示。

表 8-8 事后恢复作业中各岗位的岗位职责

岗位	岗位职责
车站工作人员	车站工作人员清理现场，撤除防滑警示牌等设施设备，行车值班员向行车调度员报告车站险情排除，现场清理完毕，具备恢复运营条件，请求恢复运营
抢险救援人员	抢险救援人员检查线路、设备，确认具备恢复运营条件后报告行车调度员
行车调度员	行车调度员确认具备恢复运营条件后，下令恢复运营

三、策略深学

特殊气象天气发生险情时的应急处理要遵循以下几个原则。

① 抓住主要矛盾，先全面、后局部，先救人、后救物，先抢救通信、供电等要害部位，后抢救一般设施。

② 根据需要，各部门要积极合理地调动人力、物力投入抢险，在确保安全的情况下尽快开通线路，恢复运营（含局部线路）。

③ 发生灾害时，应迅速准确地报告事故情况，确保信息渠道畅通。

④ 各部门、员工均应采取有效措施控制事态、减少损失，防止次生灾害的发生。

⑤ 贯彻抢险与运营并重、城市轨道交通运输与公交运输系统统筹兼顾的工作方针，在积极稳妥地处理事故的同时，按照总部相关规定最大限度地维持城市轨道交通运营或尽快恢复城市轨道交通运营。

四、测验提学

【单选题】

1. 当出现暴雨天气时，站台岗工作人员应加强巡视，如果水将涌入车站，站台岗工作人员需立即（　）。

A. 报告值班站长

B. 维修直接排水

C. 关闭自动扶梯

D. 关闭该出入口

2. 特殊情况（如遭遇特大洪水）下，（　）可直接决定关闭车站出入口，事后再将信息逐级上报。

A. 行车值班员

B. 值班站长

C. 客运值班员

D. 站台岗工作人员

【判断题】

1. 在暴雨天气时，当发现车站出入口雨水倒灌时，应及时设置防洪设施，防止雨水涌入站内。（　）

2. 当遇到暴雨天气时，行车值班员应加强闭路电视监控系统（CCTV）的监视，密切关注车站情况。（　）

任务 3　地震灾害的应急处理

一、情境激学

城市轨道交通系统在运行过程中可能会遇到各种突发事件，其中地震是一种可能对城市轨道交通系统造成严重影响的自然灾害。作为未来的城市轨道交通运营服务的工作者，你需要掌握地震等突发事件的处理知识和技能，并且清楚应急处理流程和职责。

城市轨道交通系统对地震灾害的应急处理，包含紧急避险、应急处理启动、车站封停、维保抢修和事后恢复 5 个环节。在学习完本节内容之后，我们能全面把握城市轨道交通车站地震灾害应急处理的关键要点和流程，提高应对地震事件的快速反应和组织能力，降低乘客和员工在地震灾害中可能面临的风险，确保城市轨道交通系统的安全运营。

二、任务践学

地震灾害应急处理包含 5 个任务活动，如图 8-6 所示。

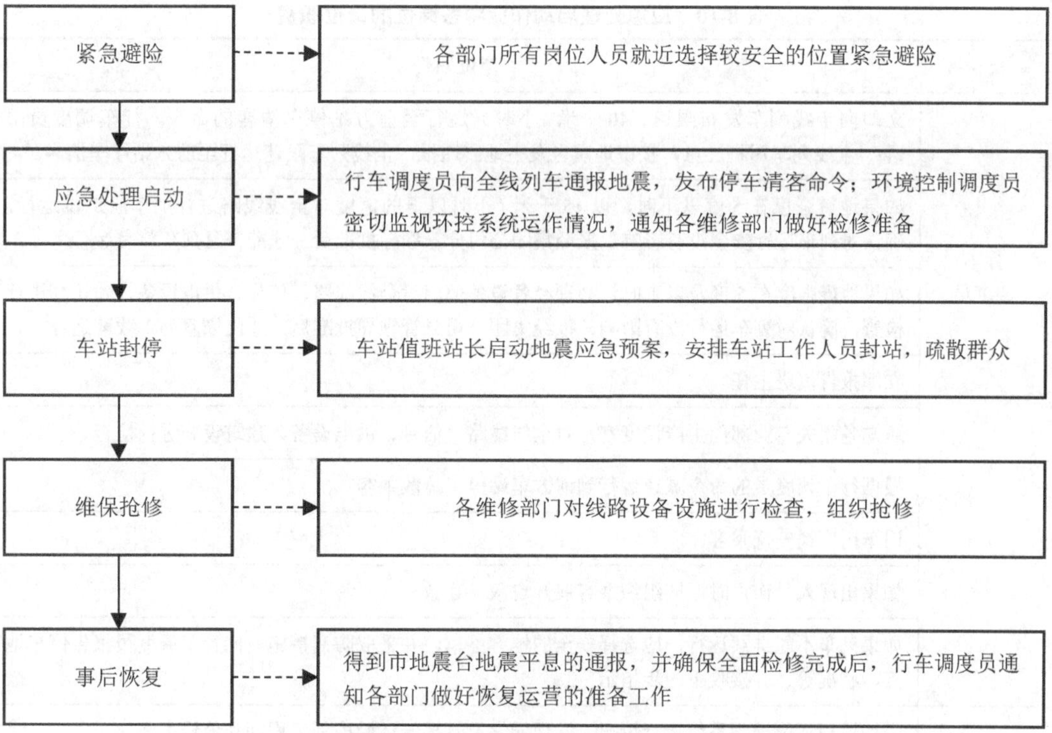
紧急避险
各部门所有岗位人员就近选择较安全的位置紧急避险
应急处理启动
行车调度员向全线列车通报地震，发布停车清客命令；环境控制调度员密切监视环控系统运作情况，通知各维修部门做好检修准备
车站封停
车站值班站长启动地震应急预案，安排车站工作人员封站，疏散群众
维保抢修
各维修部门对线路设备设施进行检查，组织抢修
事后恢复
得到市地震台地震平息的通报，并确保全面检修完成后，行车调度员通知各部门做好恢复运营的准备工作

图 8-6　地震灾害应急处理任务流程

任务活动 1　紧急避险

紧急避险作业中各岗位的岗位职责如表 8-9 所示。

表 8-9　紧急避险作业中各岗位的岗位职责

岗位	岗位职责
站台岗工作人员	一旦发生地震，车站工作人员就近选择桌下、墙角等较安全的位置紧急避难，然后积极开展疏导乘客、救护伤员及组织乘客自救、互救工作
设备值班人员	关闭正在操作的设备、切断身边的电源，就近选择较安全的位置，紧急避险
司机	立即采取紧急措施制动列车，减少列车自身动能与地震能量叠加；地震过程中若发现列车受损、接触网断线及隧道照明中断，应使用应急照明查明周围的情况，采用有效的措施与控制中心（OCC）或邻站值班站长联系、报告情况，以求得救援和行动指令。在孤立无援的最困难条件下，司机是组织该列车所载乘客避险逃生的负责人，应立即采取一切可能措施安抚乘客，组织乘客有步骤、有组织地脱离险境

任务活动 2　应急处理启动

应急处理启动作业中各岗位的岗位职责如表 8-10 所示。

表 8-10　应急处理启动作业中各岗位的岗位职责

岗位	岗位职责
行车调度员	立即向全线列车发布限速（40 千米 / 小时）运行至前方站停车清客的命令。行车调度员用语：“全线列车司机注意，接市地震台发生地震通报，全线列车限速运行至前方站停车清客。”
	如果地震强度在 5 度以下时，以 15 千米 / 小时以下的速度对全线线路进行空车压道试运行，确认对列车运行安全没有影响，报经集团公司分管领导批准后，才能恢复列车载客运行
	如果地震强度在 5 度及以上时，必须经各设备部门对全线线路、信号、供电设备、建筑物进行检查，确认对列车运行没有影响，报经集团公司分管领导批准后，才能恢复列车载客运行
	立即报告值班主任
	通知各相关专业部门生产调度室，对全线线路、信号、供电设备、建筑设施进行检查
司机	根据行车调度员的命令减速运行到前方车站停车疏散乘客
	用车内广播安抚乘客
	如果出现人员伤亡时，应组织乘客展开自救、互救
	如果列车不能继续运行，应选择安全的地方停车，并采取防溜措施。向行车调度员报告停车地点、状况等，并接收下一步指示
环境控制调度员	密切监视环境控制系统运行情况，发现异常及时报告环境控制工程师和值班主任
	通知客运公司机电部生产调度室安排人员对所管辖设备进行巡视、检查，并报告设备损坏情况
	及时组织未受影响的设备保持运行工况，确保车站及区间通风良好

任务活动 3 车站封停

车站封停作业中各岗位的岗位职责如表 8-11 所示。

表 8-11 车站封停作业中各岗位的岗位职责

岗位	岗位职责
值班站长	启动车站应急预案，安排车站工作人员封站、疏散乘客
	如果发生停电，按照车站大面积停电应急预案处理
行车值班员	按压自动售检票系统（AFC）紧急按钮，打开所有进出站闸机
	利用站内广播组织乘客迅速撤离车站
	立即拨打 119、120 电话寻求救援
	留守岗位，通过闭路电视监控系统（CCTV）观察车站情况，与值班站长、行车调度员、环境控制调度员保持联系
站台岗工作人员	协助疏散站台和列车上的乘客
	立即停止售票，迅速锁好车票及票款，关好门窗
	到各入口阻止乘客进站

任务活动 4 维保抢修

维保抢修作业中各岗位的岗位职责如表 8-12 所示。

表 8-12 维保抢修作业中各岗位的岗位职责

岗位	岗位职责
工建部工作人员	立即对全线线路设施、建筑物进行巡查，发现隧道、桥梁、线路受损或建筑物侵限等问题，立即报告行车调度员并组织抢修
电气部工作人员	对全线供电设备进行巡查，发现损坏立即报告行车调度员并组织抢修
通信部工作人员	对全线信号、联锁和闭塞设备进行巡查，发现损坏立即报告行车调度员并组织抢修
机电部工作人员	立即对全线机电设备进行巡查，发现损坏立即报告行车调度员、环境控制调度员并组织抢修

任务活动 5 事后恢复

事后恢复作业中各岗位的岗位职责如表 8-13 所示。

表 8-13 事后恢复作业中各岗位的岗位职责

岗位	岗位职责
行车调度员	得到城市地震台地震平息的通报后，行车调度员通知各部门做好恢复运营的准备工作
维修部门	对线路、设备、信号通信系统等做全面检查，确认具备恢复运营条件后报告行车调度员
车站人员	清理现场，具备运营条件后报告行车调度员

三、策略深学

1. 城市轨道交通对地震灾害的响应等级及应急策略

根据有关规定，结合地震对城市轨道交通的影响，城市轨道交通对地震的响应等级分为三级，如表 8-14 所示。

表 8-14　城市轨道交通对地震的响应等级

一级预案	城市轨道交通所在地或邻近地域发生大于 7.0 级地震视为造成特大损失的严重破坏性地震，特别严重影响行车和乘客安全
二级预案	城市轨道交通所在地或邻近地域发生大于 6.5 级且小于 7.0 级的地震，视为严重破坏性地震，严重影响行车和乘客安全
三级预案	城市轨道交通所在地或邻近地域发生 6.5 级以下地震，视为一般破坏性地震，影响行车和乘客安全

（1）一级预案

① 启动一级应急措施：控制中心（OCC）电力调度员切断交流供电电源、启动应急照明灯，列车紧急制动停车。司机负责组织列车上的乘客向车站疏散；车站站长或值班站长负责组织有关人员疏散乘客、保护地铁设备，并将情况报告控制中心（OCC），若通信中断，则应设法与外界取得联系并做好自救工作；控制中心（OCC）发布列车停运、急救命令，及时将灾情报告指挥部及市政府有关部门。

② 车辆部、客运部、物资设施部及时成立应急处理工作组，召集各专业救援队队员准备救援工具、物品。根据灾情尽快恢复动力照明系统供电，确定牵引供电恢复送电方案，救援队出动救援，在抢修线路的过程中，快速确定方案，并报告控制中心（OCC）。方案确定后严格由救援队长单一指挥作业，有两个以上救援队联合作业时，应商定一名队长作为总指挥。

③ 必要时向指挥部、市政府有关部门和组织请求支援，指挥外援人员抗震救灾，尽快恢复地铁运营。

④ 及时向指挥部、市政府有关部门报告震情、救灾情况以及运营开通情况。

（2）二级预案

① 启动二级应急预案：控制中心（OCC）电力调度员切断牵引供电系统电源，启动应急照明；司机制动列车停车，组织列车上的乘客向车站疏散；车站站长或值班站长负责组织有关人员疏散乘客、保护地铁设备，并将情况报告控制中心（OCC），若通信中断，则应设法与外界取得联系，并做好自救工作；控制中心（OCC）发布列车停运、急救命令，及时将灾情报告指挥部及市政府有关部门。

② 各应急处理工作组及时到位履行职责，组织救援抢险，恢复牵引供电，开通地铁运营。

③ 必要时向指挥部、市政府有关部门和组织请求援助，指挥外援人员抗震救灾，尽快恢复地铁运营。

④ 及时向指挥部、市政府有关部门报告震情、救灾情况以及运营开通情况。

（3）三级预案

① 小于 6.5 级地震发生后，司机视灾情维持列车运行到前方站停车，疏散车上乘客；站长或值班站长负责组织有关人员疏散车站乘客、保护地铁设备并将情况报告控制中心（OCC），若通信中断，则应设法与外界取得联系，站长或值班站长应组织车站工作人员与乘客做好自救工作；控制中心（OCC）视情况发布列车停运或限速命令，组织抢险救援并向上级领导报告有关情况。

② 按市防震领导小组的要求，在运营分公司抗震救灾应急指挥部领导下，视震情、灾情组织抢险救援，具体落实抗震救援工作和措施，并及时报告有关情况。

四、测验提学

【单选题】

1. 地震发生后，值班站长立即向（　）汇报地震是否影响行车；是否有人员、设备线路车辆受损；是否需要公安、急救、消防救援。

A. 值班站长

B. 机电抢险人员

C. 行车调度员

D. 站务人员

2. 轨道交通所在地或邻近地域发生 6.5 级以下地震视为一般破坏性地震，影响行车安全和乘客安全，应启动（　）。

A. 一级预案

B. 二级预案

C. 三级预案

D. 不启动预案

【判断题】

1. 一旦发生地震，车站工作人员就近选择安全的位置紧急避难，然后积极开展疏导乘客、救护伤员及组织乘客自救、互救工作。（　）

2. 小于 6.5 级地震发生后，司机视灾情维持列车运行到前方站停车，疏散车上乘客。（　）

任务4　恶劣天气的应急处理模拟实训

受台风影响，本市地铁1号线屏峰站至小和山站隧道区间内积水严重，影响列车正常运行，司机向行车调度员报告，车站立即采取应急措施。请以小组为单位，制定紧急处理方案，明确各岗位职责与处理流程，完成实训任务。

一、任务分工

演练角色设置：建议每小组学员9人，其中2人担任观察兼监督员，负责实训过程中视频录像与文字记录，其余学员扮演不同的角色，行车调度员、值班站长、行车值班员、站台岗工作人员等各1名，另有工建部、机电部维修人员、乘客各1名配合模拟实训。

二、工具准备

1. 堵水排水工具：防洪板、沙包、抽水泵等。
2. 封锁工具："暂停服务"指示牌、警戒绳、隔离栏杆等。
3. 通报公示工具：对讲机、手持广播、扩音器、"小心地滑"指示牌等。
4. 应急疏散工具：应急照明灯、荧光服、临时导向标志等。
5. 医疗急救工具：急救箱、棉签、消毒水、医用纱布、绷带、创可贴、止痛药等。

三、方案/程序实施

1. 应急启动

行车调度员接到司机的险情报告后，立刻向值班主任报告，并指示列车以低于25千米/小时的速度通过积水地段，并向两端车站发布封锁区间的命令，阻止列车进入该区间。

2. 紧急封站

车站值班站长接到行车调度员封站指令后，指挥各岗位工作人员组织乘客疏散和封站，做好乘客解释工作，并协助抢险人员抢险。出现乘客伤亡时做好急救。行车值班员通过广播引导乘客出站，广播用语如下："各位乘客请注意，因车站积水导致车站无法正常运营，请各位乘客迅速离开车站，照顾好身边的老人和小孩，不要拥挤，注意安全，谢谢合作。"

3. 抢险工作

工建部抢险救援人员进入积水区间，检查所有排水沟渠畅通情况，及时清理堵塞；机电部抢险人员携带抽排水设备赶赴现场，对水灾地点及时采取断水堵水措施，开启全部排水泵排水，及时向值班站长、行车调度员、环境控制调度员报告水情。

4. 事后恢复

险情排除后，车站人员清理现场，行车值班员向行车调度员报告车站险情排除，现场清理好，具备恢复运营条件，请求恢复运营。工建部、机电部抢险救援人员检查线路、设备，确认车站具备恢复运营条件后报告行车调度员。行车调度员确认车站具备恢复运营条件后，下令恢复车站运营。各岗位人员回到岗位中，恢复正常工作。

四、模拟检查

在实训过程中，2 名观察兼监督员及指导教师对学员的操作状况进行详细的记录，包括应急处理的流畅度、准确度、速度等；模拟实训结束后，可以通过查看实训的视频录像，对学员应急模拟的每个步骤的完成度情况进行检查，并将结果填写在表 8-15 中。

在实训过程中，每个小组学员按照不同角色进行演练，角色与角色之间进行轮换。实训活动的考核主要围绕表 8-15 考核表中的要点进行。

表 8-15　区间水灾的应急处理模拟实训的过程评价表

<table>
<tr><td>实训任务</td><td colspan="4">区间水灾的应急处理</td></tr>
<tr><td>任务说明</td><td colspan="4">隧道区间发生积水，组织乘客撤离，参与抢险救援</td></tr>
<tr><td>班级</td><td colspan="2"></td><td>姓名</td><td></td></tr>
<tr><td>学习小组</td><td colspan="2"></td><td>实训时间</td><td></td></tr>
<tr><td colspan="5">考核目标</td></tr>
<tr><td colspan="5">1. 能安抚乘客、组织乘客进行疏散。
2. 能按照程序汇报相关信息。
3. 掌握隧道区间发生积水情况下各工作岗位的职责</td></tr>
<tr><td colspan="5">考核内容</td></tr>
<tr><td>考核项目</td><td colspan="2">考核细则</td><td>分值</td><td>得分</td></tr>
<tr><td rowspan="4">行车调度员职责</td><td colspan="2">接到司机的险情报告后，立刻向值班主任报告</td><td>5</td><td></td></tr>
<tr><td colspan="2">指示列车以低于 25 千米 / 小时的速度通过积水地段</td><td>5</td><td></td></tr>
<tr><td colspan="2">向两端车站发布封锁区间的调度命令，阻止列车进入该区间</td><td>5</td><td></td></tr>
<tr><td colspan="2">应急结束后，向车站发布恢复运营命令</td><td>5</td><td></td></tr>
<tr><td rowspan="5">值班站长职责</td><td colspan="2">接到行车调度员封站指令后，通知车站控制室宣布执行水灾应急处理程序，组织员工疏散乘客</td><td>5</td><td></td></tr>
<tr><td colspan="2">安排站务人员加强线路积水情况巡视</td><td>5</td><td></td></tr>
<tr><td colspan="2">安排车站人员尝试用防洪板、沙包和其他填充物阻断水源</td><td>5</td><td></td></tr>
<tr><td colspan="2">维修人员抢险结束后，组织员工清理现场</td><td>3</td><td></td></tr>
<tr><td colspan="2">列车具备开通条件后，按照行车调度员命令，恢复运营服务</td><td>2</td><td></td></tr>
</table>

（续表）

行车值班员职责	得到封站命令后，通过广播告知乘客	5	
	在站厅进行宣传疏导，引导乘客迅速有序出站	3	
	出现乘客伤亡时做好急救	2	
	按压自动售检票系统（AFC）紧急按钮，执行疏散模式	5	
	在出入口设置“小心地滑”警示牌	5	
	关闭出入口，设置隔离带、“暂停服务”指示牌	5	
	现场清理，向行车调度员报告车站险情排除	3	
	得到行车调度员恢复运营的指令后，恢复自动售检票系统（AFC）正常模式，通知恢复服务工作	2	
站台岗工作人员职责	引导站台乘客迅速撤离至站厅，有序出站	5	
	尝试用防洪板、沙包和其他填充物阻断水源	5	
	引导工建部、机电部抢险救援人员进入积水区间抢修	5	
	维修人员抢险结束后，清理现场	5	
总评成绩			

任务完成人签字：

日期：　　年　月　日

指导教师签字：

日期：　　年　月　日

五、评价

在完成模拟实训后，依据表 8-16 完成区间水灾的应急处理模拟实训的总结评价。

表 8-16　区间水灾的应急处理模拟实训的总结评价表

<table>
<tr><td colspan="5">模拟实训：区间水灾的应急处理</td></tr>
<tr><td colspan="3">考核内容</td><td>分值</td><td>考核得分</td></tr>
<tr><td colspan="3">1. 实训方案的准备情况</td><td>30</td><td></td></tr>
<tr><td colspan="3">2. 实训过程考核</td><td>40</td><td></td></tr>
<tr><td colspan="3">3. 对实训遇到问题的解决情况</td><td>20</td><td></td></tr>
<tr><td colspan="3">4. 课堂表现及职业素养</td><td>10</td><td></td></tr>
<tr><td colspan="5">总体评价</td></tr>
<tr><td>教师评价</td><td>小组评价（组间、组内互评）</td><td>个人自评</td><td>学生姓名</td><td></td></tr>
<tr><td></td><td></td><td></td><td>分数</td><td></td></tr>
</table>

阅读拓学

2021 年 7 月 20 日，河南突降历史罕见的特大暴雨，一场突如其来的天灾，让整个城市陷入危机。郑州地铁多条线路进水、所有线路停运。危急时刻，青岛地铁紧急组建赴郑州抢险救援队，由魏荣耀等 53 名骨干员工组成的抢险救援队（见图 8-7）星夜跨越 700 余千米驰援郑州，历经 8 天 7 夜、168 个小时连续奋战，最终圆满完成救援任务，让党旗在抗洪救灾一线高高飘扬。

图 8-7　青岛地铁援豫先锋队

险情就是命令。救援队第一时间成立临时党支部，组建 5 支党员先锋队、6 支青年突击队，打造了“集中统一、号令畅通、反应灵敏”的“战斗堡垒”。在到达支援现场后，队员们不顾舟车劳顿，立即进入隧道勘探并制定方案。

7 月 25 日 7 时，队员们马不停蹄地投入第一个战场——1 号线博体区间风井。8 时，25 台水泵设备在不到半小时的时间里便组装待命。狭窄的风井深达数十米，半吨重的设备只能人工搬运。身高一米九的预备党员张立总是冲在最前面，一切就绪后这个浑身被汗水浸透的大个子直接瘫坐在地。看着他满脸的汗水，队员们关怀地问：“还行吗？”他沙哑的嗓子已经发不出声，只做了一个“OK”的手势。上午 11 时，第一台水泵出水排险，抢险救援顺利打响第一枪。作为党员先锋队队长的党员赵坤，自抢险之初便冲锋在最前线，7 月 25 日郑州东站支援现场作业区域突然返水上涌，赵坤第一时间命令人员撤离，自己却跳入水中抢救设备，水面瞬间淹没至腰部。连日奋战，再加上高温、涉水作业，赵坤完成任务后一个踉跄晕倒在地，大家才知道他不顾发烧坚持作业。在党支部的严肃命令下，他才不情愿地赶回驻地休息，期间他仍然坚持电话指挥。姚砦站是郑州地铁受灾最严重的站，作业面狭小，只能单点推进。关键时刻党员王毅抢过安全绳，第一个冲进了黑黢黢的隧道区间，为了找准排水点，他数次滑倒在深水中，出来时已是一个泥人。

7 月 27 日，通过 6 台水泵不间断排水，姚砦站的排水任务基本结束，水面还剩 150 米，队员们正准备转入下一个战场。这时，由于配合单位水泵突发故障，姚砦站剩余任务需由青岛地铁抢险救援队帮助完成。而当班队员此时已连续工作了 13 个小时，手脚因长时间泡水早已发白起皱、龟裂发炎，但是任务艰巨、不容有失。李念程、王岩、施昊杰、王毅 4 名同志，重新安装水泵，继续战斗。直至次日凌晨，连续奋斗 20 多个小时的队员们累瘫在路边的纸盒上。

“决战”在郑州地铁 4 号线龙湖北站打响，有了前几场战斗的出色表现，郑州地铁将龙湖北站抢险排水任务的指挥权全权授予青岛地铁抢险救援队。战斗初期，姚砦站的排水任务尚未结束，队员们兼顾两线作战，服兵役 16 年、有过三次亚丁湾护航经历的老兵党员姜楠主动请缨发起冲锋，任务期间他腰伤复发，疼痛难忍，他绑着护腰坚持奋战，在最短的时间投放设备。在他的鼓舞下，队员们前仆后继，在龙湖北站创造了一天推进 200 米的突破性进展，至此，全线网第一阶段排水任务取得全面胜利。历经 8 天 7 夜的不间断作业，累计排水量达 5.1 万吨，救援队圆满完成 3 条线路救援任务。

8 月 1 日 14 时，救援队平安顺利抵达青岛，兑现了出征前“圆满完成支援任务、平安归来”的承诺。抢险队的 53 名骨干队员都是青岛地铁运营有限公司各部门精挑细选的骨干员工，有着丰富的安全管理、应急指挥、疫情防控、后勤保障经验。他们来自各条运营线路的技术生产岗位，另外抢险队中还有 4 名后勤人员与 3 名司机，负责本次支援任务的后勤工作。单丝不成线，独木不成林。青岛援豫先锋队的党团员构成一个群体的影像。“特别能吃苦、特别能战斗、特别能攻坚、特别能奉献”，这是郑州地铁在感谢信里对他们的肯定与赞扬。他们用行动筑牢人民生命和财产安全的坚固防线，充分展示了青岛地铁人的责任与担当，展现出了攻坚克难、敢打硬仗的工作作风。他们可能是父亲、是儿子、是丈夫、是兄长，但是为了人民群众的生命财产安全，他们有一个共同的名字——平凡英雄！

项目小结

请依据本项目的学习与实践，填写表 8-17，完成本项目的总结提升。

表 8-17 项目小结

教学提纲		主要内容简述
一级	二级	
认识恶劣天气与自然灾害	恶劣天气的预警和信息发布	
	恶劣天气对城市轨道交通的影响	
	自然灾害对城市轨道交通的影响	
暴雨天气的应急处理	接报雨情	
	前期应急工作	
	出入口险情应急	
	事后恢复	
地震灾害的应急处理	紧急避险	
	应急处理启动	
	车站封停	
	维保抢修	
	事后恢复	

评价量规

请结合本项目各任务的学习和实践情况，完成项目的总体评价，并将评价结果填写在表 8-18 中。

表 8-18 评价量规

课程名称： 所属专业：

姓名： 学号： 班级： 组别：

填表人： 填表日期：

评价指标（总分 100 分）		权重	等级说明					评价主体			
一级指标	二级指标		优秀（100～90 分）	良好（90～80 分）	中等（80～70 分）	合格（70～60 分）	不合格（60～0 分）	学生自评	组内互评	组间互评	教师总评
专业能力 40%	正确度	0.2									
	规范度	0.2									
学习能力 20%	参与度	0.1									
	合作度	0.1									
职业素养 20%	责任度	0.1									
	坚韧度	0.1									
工匠素养 20%	精益度	0.1									
	善为度	0.1									

总计：

注：
1. 该表的满分为 100 分。
2. 每项平均分标准按优秀、良好、中等、合格、不合格五个等级评分。
3. 每个指标小计得分 =［学生自评 ×30%+（组内互评 + 组间互评）÷2×30%+ 教师总评 ×40%］× 权重。
4. 各项指标小计得分总和即为该学生总得分。
5. 本量规表适用于学生自评、组内互评、组间互评和教师总评